Philipp Seidel

Entwicklung einer Business Intelligence Architektur zur Entscheidungsunterstützung im Qualitätsmanagment

GRIN Verlag

Bibliografische Information der Deutschen Nationalbibliothek:

Die Deutsche Bibliothek verzeichnet diese Publikation in der Deutschen National-
bibliografie; detaillierte bibliografische Daten sind im Internet über http://dnb.d-
nb.de/ abrufbar.

Impressum:

Copyright © 2014 GRIN Verlag GmbH
Druck und Bindung: Books on Demand GmbH, Norderstedt Germany
ISBN: 978-3-656-76554-7

Dieses Buch bei GRIN:

http://www.grin.com/de/e-book/282036/entwicklung-einer-business-intelligence-
architektur-zur-entscheidungsunterstuetzung

TECHNISCHE UNIVERSITÄT
BERGAKADEMIE FREIBERG

Fakultät für Wirtschaftswissenschaften
Professur für ABWL, insbesondere
Informationswirtschaft/Wirtschaftsinformatik

Fakultät: Wirtschaftswissenschaften

Studiengang: Wirtschaftsingenieurwesen

THEMA DER BACHELORARBEIT:

**„Entwicklung einer Business Intelligence Architektur zur Entscheidungsunter-
stützung im Qualitätsmanagement"**

bearbeitet von: Philipp Seidel

zur Erlangung des akademischen Grades: Bachelor of Science

Übergabetermin des Themas: 22.04.2014

Abgabetermin der Bachelorarbeit: 22.07.2014

Abstract

In Zeiten ständig wachsenden Wettbewerbs, sehen sich Unternehmen immer öfter mit der Frage konfrontiert, wie flexibel ihre Produktion auf das Eintreten ungeplanter Ereignisse reagieren kann. Auch oder vor allem die Qualitätssicherung, welche heutzutage von größter Relevanz ist, sieht sich mit dieser Problematik konfrontiert. Die Auswirkungen mangelnder Qualität sind dabei sehr weitläufig. Auf externer Seite kann die Beziehung zum Kunden erheblich darunter leiden, wenn das Produkt nicht den gewünschten Qualitätsvorstellungen entspricht. Aber auch intern können die Konsequenzen schnell große wirtschaftliche Probleme verursachen. Gerade in Produktionsstätten, in denen die Wertschöpfungskette zu einem großen Teil automatisiert ist, kann beispielsweise die fehlerhafte Herstellung eines Produkts, zu einem überproportional großen organisatorischen und damit finanziellen Aufwand werden.

Der wesentlichste Punkt, aus welchem die beträchtlichen Folgekosten und die außerordentliche Arbeitsleistung resultieren ist, dass bei der notwendigen Nachbearbeitung des jeweiligen fehlerhaften Stücks, diverse Entscheidungen (muss das Teil verschrottet werden, oder wie genau muss es nachbearbeitet werden, etc.) individuell für jedes Teil, getroffen werden müssen.

In den letzten Jahren haben viele Konzepte, im Bereich des Qualitätsmanagements, Bekanntheit erlangt, die an dieser Stelle ansetzen und versuchen die Fehlerquellen zu minimieren. Jedoch verursacht die Einführung dieser Methoden meist enorme Kosten, was es besonders für kleine und mittelständige Unternehmen oft unmöglich macht, ihre Prozesse nach diesen Konzepten auszurichten. Die Qualitätsprobleme dieser Unternehmen lassen sich, aufgrund der geringeren Größe, jedoch in den meisten Fällen besser dokumentieren und überblicken, was die Möglichkeit einer speziell angepassten Lösung bietet.

Im konkreten Fall, eines mittelständigen Unternehmens aus der Region, wurde eine solche Lösung gefunden. Hierbei wurden die Daten, der jeweiligen Teile, in Excel-Listen erfasst und im Anschluss auf ihre wirtschaftlichen Auswirkungen geprüft. Ziel dabei war es, auf Grundlage der Daten, Rückschlüsse auf die internen Qualitätsprobleme zu ziehen und ihre ökonomische Relevanz zu analysieren. Die Umsetzung brachte jedoch programmbedingt einige Probleme und Fehler mit sich. Zunächst ist eine manuelle Dateneingabe in Excel-Listen, auch in einem Unternehmen geringere Größe, eine nur schwer zu überschauende und extrem zeitintensive Aufgabe. Folglich ist das Ergebnis letzten Endes sehr unübersichtlich, da mit einem Blick nicht mehr zu erkennen ist, ob und wann, welches Teil mit welchem Fehler eingetragen wurde. Im nächsten Schritt wurden diese Daten manuell in andere Excel-Tabellen übertragen, wobei es aufgrund der mangelnden Übersicht, zu Inkonsistenz und Redundanz kam. Die Umsetzung mittels Excel-Tabellen erwies sich als nicht geeignet, da keine grundlegende Durchgängigkeit der Daten gewährleistet werden konnte.

Ziel war es also eine Lösung zu finden, welche flexibel genug ist, um sich schnell auf die unternehmensspezifischen Anforderungen anpassen zu lassen, ohne dabei in die gewohnten Arbeitsabläufe einzugreifen. Zusätzlich muss eine durchgängige Verarbeitung der Daten gewährleistet sein, welche frei von Redundanzen und Inkonsistenzen ist und somit eine anschließende ökonomische Auswertung zulässt.

Um dieses Ziel zu erreichen, wurde im Rahmen dieser Arbeit, an einer Business Intelligence Architektur gearbeitet, die die Probleme der früheren Umsetzung aufgreift. Mit Hilfe eines Erfassungsformulars und einer Möglichkeit der Einsichtnahme, aller erfassten Beanstandungen, kann dabei Übersichtlichkeit, Flexibilität und Durchgängigkeit geschaffen werden.

Zunächst wird auf die verschiedenen Konzepte des Qualitätsmanagements eingegangen und anschließend der grundlegende Aufbau einer Business Intelligence, inklusive aller für diese Architektur notwendigen Bestandteile, genauer erläutert.

Im folgenden Abschnitt werden die typischsten Vorgehensweisen des Software-Engineering, sowie die Anwendung der für diese Arbeit gewählten Methode, der prototypbasierten Entwicklung, vorgestellt.

Der letzte Schritt umfasst die Ergebnisdokumentation und die Anwendung der fertigen Software. Zuerst wird dabei schrittweise die Erstellung des Programms erläutert und anschließend dessen Funktionsfähigkeit überprüft. Außerdem wird hier ein Vergleich mit den historischen Daten vorgenommen, um die Vorteile der neuen Lösung zu demonstrieren.

Inhaltsverzeichnis

III

Abbildungsverzeichnis

V

Abkürzungsverzeichnis

DIM	Dimensionstabelle
DIN	Deutsches Institut für Normung
EN	Europäische Norm
ETL	Extract Transform Load
Fakt	Faktentabelle
ID	Identifikation
ISO	International Organization for Standardization
QS	Qualitätssicherung
RUP	Rational Unified Process
SQL	Structured Query Language
TQM	Total Quality Managment

1. Einleitung

Die Anforderungen, die an Unternehmen und deren Mitarbeiter gestellt werden, haben in den letzten Jahren immer mehr an Komplexität zugenommen. Besonders im Hinblick auf die Flexibilität, welche in Zeiten ständig wachsenden Wettbewerbs verlangt wird, müssen Betriebe ihre Geschäfts- und Produktionsprozesse anpassen. Diese sollen dabei auf der einen Seite immer besser und schneller von statten gehen. Auf der anderen Seite jedoch so kostengünstig wie möglich sein. Ein Aspekt, der dabei höchste Relevanz erlangt hat, ist die Beziehung zum Kunden. Um diese Beziehung zu sichern und weiter auszubauen gilt es in erster Linie ein sehr hohes Maß an Qualität zu anzustreben. Dies bezieht sich hierbei nicht nur auf die Produkte, sondern auch auf alle für deren Herstellung benötigten Arbeitsschritte.

Um die Gegensätze zwischen schnelleren und billigeren Prozessen, steigender Flexibilität und der Einhaltung der gewünschten Qualität zu überwinden, sind Unternehmen heute in der Verantwortung, effiziente Lösungen zu finden. Die Datenverarbeitung mittels einer sogenannten Business Intelliegence, kann den Betrieben dabei als gute Hilfestellung dienen. Mit ihrer datenbankgestützten Struktur, ist eine Business Intelligence Lösung in der Lage, der Managementebene mit einer fundierten Informationsbasis, als Entscheidungsunterstützung zu dienen. Die Informationsdaten, die für die Entscheidungsfindung benötigt werden, setzen dabei jedoch zuverlässig umgesetztes Qualitätsmanagement voraus. Hier haben in den letzten Jahren viele Systeme an Relevanz gewonnen. Durch die Möglichkeit der Zertifizierung, welche einige Qualitätsmanagementsysteme mit sich bringen, sind die Betriebe außerdem in der Lage dem Kunden gegenüber ihr Engagement für hohe Produktgüte und Zuverlässigkeit zu vermitteln. Allerdings sind diese Systeme häufig mit großen Kosten und einem Arbeitsaufwand verbunden, der sich durch die Vorteile ihrer Einführung oft nicht rechtfertigen lässt. Das Verlangen nach schnell zu implementierender und kostengünstiger Qualitätsmanagementsoftware, ist in den letzten Jahren daher gerade bei kleinen und mittelständigen Unternehmen stark gestiegen.

Im Rahmen dieser Arbeit wurde, für einen Betrieb aus der Region, an einer Lösung gearbeitet, die versucht diese Lücke zu füllen.

2. Problemstellung

2.1 Allgemeine Betrachtungen der Problematik

Die Bedeutung von effizient umgesetztem Qualitätsmanagement ist heutzutage also von entscheidender Bedeutung. Vor Allem die Norm ISO 9000 und deren Möglichkeit zur Zertifizierung haben in den letzten Jahren viele Unternehmen dazu gebracht diesen Bereich ihrer Produktion neu zu überdenken, oder gar neu zu gestalten.

"So bietet die ISO 9000 ff. prozessorientierte Bewertungskriterien, mit denen unabhängig von Produkten oder Dienstleistungen Effizienz und Qualität branchenübergreifend verglichen werden können. Diese Norm beschreibt modellhaft das gesamte Qualitätsmanagementsystem und ist Basis für ein umfassendes Qualitätsmanagement-System." [Krau2011]

In Folge dessen ist eine Vielzahl von Ansätzen zur Umsetzung beziehungsweise Einhaltung dieses Qualitätsstandards auf den Markt geströmt. Solche Qualitätsmanagementsysteme bieten diverse Vor- und Nachteile. Zu den positiven Aspekten gehören unter anderem [Piec2014]:

- Mittel- und langfristige Unternehmensplanung (…)
- Durchleuchtung sämtlicher betrieblicher Abläufe (…)
- Schaffung von Transparenz (…)
- Positive Außenwirkung auf Kunden und Lieferanten (…)
- Höhere Motivation der Mitarbeiter (…)
- Förderung des Qualitätsbewusstseins (…)
- Erhaltung bzw. Erweiterung der Unternehmenskenntnisse durch Dokumentation
- Nachweis der Sorgfaltspflicht des Unternehmens bei Rechtsfragen

Die Schwierigkeit, mit der sich vor Allem kleinere und mittelständige Unternehmen konfrontiert sehen, liegt in der Wahl des Verfahrens, welches am besten auf die Struktur und Arbeitsabläufe in der Produktion abgestimmt ist. Außerdem sollten die Kosten einer Einführung und Umsetzung, den aus ihnen gewonnenen Nutzen nicht übersteigen. Beispiele für Systeme welche in den letzten Jahren besonders an Bedeutung gewonnen haben sind [Weck2012, 4]

* TQM (Total Quality Management)
* Six Sigma
* KAIZEN
* Lean Management

Die Kosten für eine Einführung eines solchen Systems setzen sich aus mehreren Faktoren zusammen. Zum einen fallen Beratungskosten an, da ohne entsprechende Fachexpertise eine korrekte Umsetzung nicht zu realisieren wäre. Des Weiteren entsteht ein Großteil des finanziellen Aufwandes durch Schulungen der Mitarbeiter. Den benötigten Zeitaufwand kann man in etwa wie folgt beziffern [Piech2014]:

* 20 Wochenstunden über einen Zeitraum von ungefähr 6 Monaten
* 2-tägige Schulung für alle Mitarbeiter in Qualitätsmanagementtechniken
* Qualitätszirkel 1 x monatlich (2 Stunden)

Besonders in Betrieben des Mittelstandes müssen die Investitionen für eine Umsetzung von Qualitätsmanagementsystemen oft auf die Projekte umgelegt werden, wohingegen es in großen Unternehmen üblich ist, sie durch eben diese Projekte zu erwirtschaften. [WeRi2005]

2.2 Fall aus der Praxis

Die Thematik dieser Arbeit bezieht ihren praktischen Bezug von einem mittelständigen Unternehmen aus der Region, dessen Produktion überwiegend auf die Herstellung von Pneumatik- und Hydraulikzylindern spezialisiert ist. Die Problematik im Unternehmen, welche schließlich in der Umsetzung der Software mündete, war im Qualitätsmanagement der Firma angesiedelt. Qualitative Defizite entstehen grundsätzlich an zwei verschiedenen Punkten. Zum einen wären die internen Fehler zu nennen, welche vor Allem auf mangelnde Sorgfalt bei der Bearbeitung zurückzuführen sind. Außerdem können sie aus unbemerkten Materialfehlern resultieren. Auf der anderen Seite existieren die externen Einflüsse auf die Qualität. Diese zu kontrollieren fällt zumeist sehr schwer, da ihre Entstehung meist nicht im Verantwortungsbereich des Unternehmens liegt. Im Fall des Pneumatik- und Hydraulikbetriebes hat man an einer Lösung gearbeitet, die sich in erster Linie der Dokumentation der Vorfälle widmet.
Alle produktionsbedingten Fehler, die im Zuge der regelmäßigen Qualitätskontrolle auftraten, wurden zunächst in eine Excel-Liste (Abb. 1) aufgenommen.

	A	B	C	D	E	F	G	H	I	J
1	Bearbnr	[illegible]	[illegible]	Stückzal	BABNr	Prüfdatum	[illegible]	[illegible]	[illegible]	Prüfer
83	QP-086/12	Kolben	311266-00.00.00:03	1 Stück	84859	05.04.12	Montage	Form-Lageabweichung	nicht ermittelbar	Hermann
84	QP-087/12	Zylinderkopf	311152-00.00.00:02	2 Stück	87641	05.04.12	Montage	Beschädigung/Deformation allgemein	Transport /Versand	Müller
85	QP-088/12	Kolbenstange	311123-00.00.00:01	27 Stück	90423	05.04.12	Montage	Oberflächenfehler	Dreherei	Walter
86	QP-089/12	Kolben	311123-00.00.00:02	3 Stück	93205	05.04.12	Montage	Oberflächenfehler	Dreherei	Hermann
87	QP-090/12	Zylinderrohr GS	311123-01.00.00:00	4 Stück	95987	05.04.12	Montage	Beschädigung/Deformation allgemein	Transport	Schulze
88	QP-091/12	Zylinderrohr GS	311152-01.00.00:00	1 Stück	98769	05.04.12	Montage	Oberflächenfehler Schweißen	Schweißerei	Müller
89	QP-092/12	Zylinderrohr	311212-01.00.00:00	3 Stück	101551	05.04.12	Montage	Beschädigung/Deformation allgemein	Transport	Walter
90	QP-093/12	Boden GS	311108-01.01.00:00	1 Stück	104333	05.04.12	Montage	Maßabweichung Schweißen	Schweißerei	Hermann
91	QP-094/12	Hydr.-Zylinder geschw.	311100-01.00.00:00	1 Stück	107115	05.04.12	Montage	Beschädigung/Deformation allgemein	nicht ermittelbar	Schulze
92	QP-095/12	Kolbenstange GS	311100-02.00.00:00	17 Stück	109897	05.04.12	Montage	Oberflächenfehler	Schweißerei/Dreherei	Müller
93	QP-096/12	Kolbenstange	311110-01.01.00:04	6 Stück	112679	05.04.12	Montage	Oberflächenfehler	Transport	Walter
94	QP-097/12	Auge	311110-01.01.00:06	5 Stück	115461	05.04.12	Montage	Oberflächenfehler	Transport	Hermann
95	QP-098/12	Zylinderrohr gef	311310-01.00.00:00	1 Stück	118243	05.04.12	Montage	Beschädigung/Deformation allgemein	Montage	Schulze
96	QP-099/12	Zylinderkopf	311276-00.00.00:01	3 Stück	121025	05.04.12	Montage	Beschädigung/Deformation allgemein	Montage	Müller
97	QP-100/12	Zylinderrohr	311276-01.00.00:00	1 Stück	123807	05.04.12	Montage	Beschädigung/Deformation allgemein	Montage	Walter
98	QP-101/12	Rohr	093512-00.00.00:01	6 Stück	126589	06.04.12	Montage	Beschädigung/Deformation allgemein	Sägerei	Hermann
99	QP-102/12	Rollenführung, kompl.	022268-00.00.00:00	1 Stück	129371	10.04.12	Endkontrolle	Abweichung Länge/Durchmesser	Montage Dipps	Müller
100	QP-103/12	Rollenführung, kompl 1500 mm	022266-00.00.00:00	1 Stück	132153	10.04.12	Endkontrolle	Abweichung Länge/Durchmesser	Montage Dipps	Walter
101	QP-104/12	Türflügel, links	033526-01.01.00:00	1 Stück	134935	10.04.12	Endkontrolle	Abweichung Länge/Durchmesser	Montage Dipps	Hermann
102	QP-105/12	Kolbenstange D60	311100-02.00.00:01	7 Stück	137717	11.04.12	Schweißerei	Oberflächenfehler	Dreherei	Schulze
103	QP-106/12	Kolbenstange geschw.	311100-02.00.00:00	1 Stück	140499	16.04.12	Montage	Oberflächenfehler	Dreherei/Fräserei	Müller
104	QP-107/12	Zylinder	261119-00.00.00:01	1 Stück	143281	16.04.12	Montage	Oberflächenfehler	Dreherei	Walter
105	QP-108/12	Türflügel links	033521-01.00.00:00	1 Stück	146063	16.04.12	Endkontrolle	Sonstige Fehler	Montage Dipps	Hermann
106	QP-109/12	Zylinderrohr GS	311386-01.00.00:00	1 Stück	148845	17.04.12	Montage	Beschädigung/Deformation allgemein	Transport	Schulze
107	QP-110/12	Zylindergehäuse	601362-00.00.00:01	1 Stück	151627	17.04.12	Endkontrolle	Form-Lageabweichung	nicht ermittelbar	Müller
108	QP-111/12	Kolbenstange	311103.01.02.00:01	5 Stück	154409	17.04.12	Montage	Oberflächenfehler	Drehrei	Walter
109	QP-112/12	Zylinderrohr	311165-00.00.00:01	41 Stück	157191	18.04.12	Montage	Oberflächenkorrosion	Lieferant	Hermann
110	QP-113/12	Kolbenstange	311266-00.00.00:01	2 Stück	159973	18.04.12	Montage	Oberflächenfehler	Dreherei	Schulze
111	QP-114/12	Zylinderrohr	311101-01.00.00:01	1 Stück	162755	19.04.12	Montage	Beschädigung/Deformation allgemein	Transport	Müller
112	QP-115/12	Zylinderrohr	311377-00.00.00:01	1 Stück	165537	19.04.12	Montage	Beschädigung/Deformation allgemein	Transport	Walter
113	QP-116/12	Zylinderrohr	311152-01.00.00:01	42 Stück	67564	20.04.12	Montage	Oberflächenfehler	Lieferant	Hermann
114	QP-117/12	Bolzen Kopf	025676-08.04.00:02	68 Stück	67102	23.04.12	Montage Dipps	Form-Lageabweichung	Fräserei	Schulze
115	QP-118/12	Hebel	025676-08.00.00:05	68 Stück	67100	23.04.12	Montage Dipps	Form-Lageabweichung	Fräserei	Müller
116	QP-119/12	Rasthebel	025676-08.00.00:17	54 Stück	67098	23.04.12	Montage Dipps	Form-Lageabweichung	Fräserei	Walter

Abbildung 1: Originaltabelle des Unternehmens zur Erfassung der Beanstandungen

Ziel der Firma war es, auf der Basis der Beanstandungen und der daraus folgenden qualitätssichernden Maßnahmen, Rückschlüsse auf die wirtschaftlichen Auswirkungen der einzelnen Produktionsfehler zu ziehen. Im folgenden Schritt wurde dann beabsichtigt diese Informationen zu nutzen, um auf interner Seite die Zuverlässigkeit zu steigern und somit Produktionskosten und Arbeitsaufwand zu senken. Die Möglichkeiten auf die Fehlerquellen der externen Seite Einfluss zu nehmen gestalten sich, wie zuvor erwähnt, im Qualitätsmanagement als sehr begrenzt. Jedoch ist es bei einer detaillierten Auflistung aller Fehlerursachen möglich, diese zumindest zu identifizieren. Sollte sich nun bei der Auswertung der Daten, zum Beispiel eine Häufung von Problemen mit einem bestimmten Lieferanten herausstellen, wäre das Unternehmen in der Lage, diesen gegebenenfalls zu wechseln, oder entsprechend Schadensersatz zu verlangen.

Schwierigkeiten bei der Dokumentation der Daten bereitete aber vor Allem die Umsetzung und Aussagefähigkeit der Erfassungsmethode selbst. Wie in Abbildung 1 zu erkennen ist, sind die Daten sehr umfangreich. Dies führt mit steigender Nutzungsdauer zu Problemen; besonders in der Übersichtlichkeit. Wenn man sich beispielsweise die Schreibweise der Zeichnungs- und Artikelnummern näher betrachtet, kann es schnell passieren, dass Daten übersehen oder doppelt eingetragen werden. Als besonders problematisch gestaltet es sich hierbei, dass ein und dieselbe Liste von mehreren Qualitätsprüfern benutzt wird. Dies führt mit fortschreitender Verwendung zu einer großen Anzahl von Datenredundanzen und Inkonsistenzen, die eine spätere Auswertung erheblich erschweren, beziehungsweise unmöglich machen können.

Im folgenden Schritt wurden die Daten nun vom Abteilungsleiter zusammengetragen und auf der Grundlage der jeweils notwendigen Weiterverarbeitung in fünf Entscheidungskategorien aufgeteilt:

- Nacharbeit
- Sortierung
- Verschrotten
- Teile extra halten
- Reklamation

Dabei wurden die Werte aus der Originaltabelle kopiert und in die jeweilige Entscheidungstabelle eingefügt. Das hieraus entstehende Fehlerpotential resultiert aus der Tatsache, dass dieser Schritt nicht direkt automatisch nach dem Erfassen durchgeführt wird, sondern manuell getätigt werden muss. Die aufgrund der Unübersichtlichkeit entstandenen Fehler bei der Dokumentierung, werden, zumindest zu einem gewissen Prozentsatz, übernommen und machen somit eine exakte ökonomische Analyse unmöglich. Dieses Problem wird durch den Fakt verstärkt, dass die Erfassung der Beanstandungen und deren anschließende Auswertungen, von unterschiedlichen Personen, zu verschiedenen Zeiten durchgeführt werden und die daraus resultierende fehlende Transparenz eine zukünftige Verwendung der Daten noch weiter verkompliziert. Der Prüfer hat im normalen Produktionsprozess oft nicht die Möglichkeit die komplette Produktionskette zu überblicken. Dem Abteilungsleiter fehlen wiederum die technischen Details um auftretende Qualitätsfehler genauer bewerten und einordnen zu können.

Aufgrund dieser voneinander getrennten Arbeitsweise, des Erfassens und Nachbearbeitens, konnte die Durchgängigkeit der Daten, welche für eine anschließende Auswertung unablässig ist, nicht gewährleistet werden.

Das Unternehmen setzte sich das Ziel, die Kosten der qualitätssichernden Maßnahmen unter 0,5% des Gesamtumsatzes zu senken. Dabei wurden am Ende eines jeden Monats alle Zahlen gesammelt und die Arbeitszeit des Mitarbeiters pauschal mit einem Kostenfaktor von 45 Euro pro Stunde multipliziert. Die mangelnde Durchgängigkeit der erfassten Beanstandungen, machte jedoch die Vergleichbarkeit der einzelnen Monate untereinander zunichte. Immer wieder kam es dazu, dass Inkonsistenzen und Datenredundanzen die exakte Analyse verfälschten. Und da die einzelnen Schritte der Datenverarbeitung unabhängig voneinander durchgeführt wurden, war eine erfolgreiche Fehlersuche im Nachhinein aussichtslos. Auch die mangelnde Transparenz, also die fehlende Möglichkeit zur Einsichtnahme, durch andere Mitarbeiter, hatte zur Folge, dass die Ursachen von falscher Datensätze nicht aufgeklärt werden konnten. Dies war insbesondere dann problematisch, wenn der Abteilungsleiter nicht in der Firma war und seine Arbeit von der diensthabenden Vertretung übernommen wurde.

Bei der Auswertung kam es noch zu zwei weiteren Problemen. Zunächst ist das Festlegen eines pauschalen Wertes, zur Berechnung des zusätzlichen finanziellen Aufwandes, sehr unpräzise. Zur Bemessung der reinen Arbeitskosten pro Zeit, für den jeweiligen Mitarbeiter, kann diese Methode zwar eine annähernd genaue Aussage treffen, jedoch werden Kosten für Material und eventuell anfallenden Versand, oder Transport außer Acht gelassen.

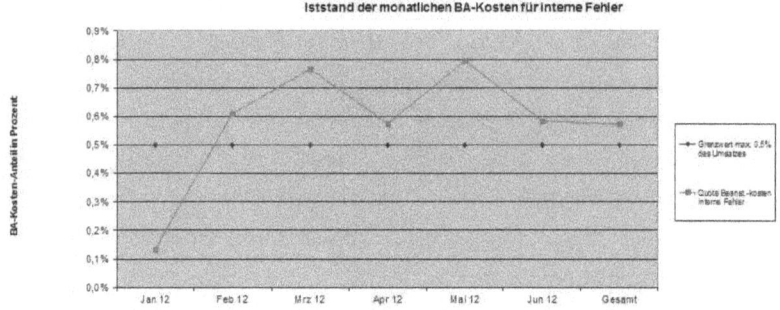

Abbildung 2: Verlauf der Beanstandungsquote

Ein weiterer Punkt ist die Tatsache, dass die Aussagekraft der monatlichen Auswertung (Abb. 2) untergraben wurde, da man, um eventuelle Ausreiser zu verbergen, die verursachten Gesamtkosten der Qualitätssicherung so aufteilte, dass sie im Jahresschnitt in etwa konstant blieben. Eine Verfahrensweise, welche sich vor dem Hintergrund einer ökonomischen Bewertung, der einzelnen Beanstandungen, als äußerst kontraproduktiv herausstellt.

2.3 Diskussion

Die Frage die sich nun stellt, ist, ob es in einem Fall aus der Praxis, wie diesem oder einem vergleichbaren, stets sinnvoll ist, so komplexe, zeit- und kostenaufwändige Qualitätsmanagementsysteme einzuführen. Ein Großteil der Fachliteratur sieht den ganzheitlichen Ansatz als einzigen Weg, die Grundsätze der ISO 9000 ff. umzusetzen. Zwar bietet dieser besonders im Hinblick auf die Durchgängigkeit der Daten einen Vorteil, jedoch gestaltet es sich mitunter schwierig die „persönlichere" Struktur kleinerer Unternehmen auf derart umfassende Konzepte abzustimmen. „Die ISO-9000-Zertifizierung kann eine Reihe von Problemen mit sich bringen [...] Immer wieder verursacht die Komplexität Schwierigkeiten. Der Versuch, "gewachsene Geschäftsabläufe" in das Qualitätsmanagementsystem zu übertragen, schlägt regelmäßig fehl. Zu vielschichtig, unvollständig und personenorientiert sind die meisten Abläufe. Nicht selten basieren sie teilweise oder ganz auf Improvisation und informellen Beziehungen." [Knop1994] Eine Suche nach Alternativen erscheint also gerade in Unternehmen kleinerer Größe durchaus berechtigt. So eine Alternative müsste die Balance finden, zwischen der Schaffung von Transparenz und Durchgängigkeit auf der einen Seite und Flexibilität und leichter Integrierbarkeit auf der anderen. Es muss also sichergestellt sein, dass sich ein solches System relativ schnell auf die bestehenden Abläufe anpassen lässt. Zusätzlich ist es von Bedeutung, dass jeder Mitarbeiter den Umgang schnell erlernen kann, um die Motivation zu dessen Nutzung zu sichern.

3. Theoretische Grundlagen

3.1 Konzepte des Qualitätsmanagements

3.1.1 TQM (Total Quality Management)

Das TQM wurde in den 1940er Jahren von dem US-amerikanischen Physiker William Edwards Deming entwickelt. Vor Allem im, vom zweiten Weltkrieg zerstörten Japan, erlangte es von Beginn an, an Popularität. In den folgenden Jahrzehnten wurde seine Methode dabei immer weiter verbessert und gelangte in den siebziger und achtziger Jahren, aufgrund der steigenden Qualitätsgüte japanischer Unternehmen, schließlich auch in den USA Bekanntheit.

Das TQM (sinngemäß übersetzt: „allumfassendes Qualitäts-Management") setzt sich zum Ziel, dass sich alle Mitglieder des Unternehmens, an einer ständigen Verbesserung, der Produkte und Dienstleistungen beteiligen. Hierfür ist es laut Deming unverzichtbar, alle Unternehmensbereiche mit einzubeziehen. Beginnend beim Ingenieur, welcher Konstruktionsfehler vermeidet, über den Anlagenfahrerin der Produktion, der fehlerhafte Maschinen sofort meldet, bis hin zur Buchhaltung, welche die Unterlagen des Unternehmens so fehlerfrei wie möglich hält. Jeder Posten der Wertschöpfungskette trägt seinen Teil zum Erreichen, des Standards bei. Um dieses bereichsübergreifende Verständnis von Qualität umsetzen zu können, bedarf es laut Deming einer neuen Unternehmensphilosophie.

Diese fußt zusammenfassend auf den folgenden Prinzipien: [Yasa2013]

- Qualität orientiert sich am Kunden
- Qualität wird mit Mitarbeitern aller Bereiche und Ebenen erzielt
- Qualität umfasst mehrere Dimensionen, die durch Kriterien operationalisiert werden müssen
- Qualität ist kein Ziel, sondern ein Prozess, der nie zu Ende ist
- Qualität bezieht sich nicht nur auf Produkte, sondern auch auf Dienstleistungen
- Qualität setzt aktives Handeln voraus und muss erarbeitet werden

Definition des Total Quality Managements nach DIN EN ISO 8402:

„…auf der Mitwirkung aller ihrer Mitglieder gestützte Managementmethode einer Organisation, die Qualität in den Mittelpunkt stellt und durch Zufriedenstellung der Kunden auf langfristigen Geschäftserfolg sowie auf Nutzen für die Mitglieder der Organisation und für die Gesellschaft zielt." Um diese Ziele zu erreichen, stellte Deming 14 charakteristische Punkte auf, ohne deren Einhaltung eine Umsetzung des TQM, seiner Meinung nach, nicht möglich ist. [Yasa2013]

1. Beständigkeit der Zielsetzung
2. Aneignung der Qualitäts-Philosophie
3. Präventive Qualitätssicherung
4. Partnerschaftliche Zusammenarbeit mit Lieferanten
5. Ständige Verbesserung aller Prozesse
6. Arbeitsbegleitende Ausbildung
7. Kooperativer Führungsstil
8. Offenes Unternehmensklima
9. Beseitigung organisatorischer Barrieren
10. Verständliche Ziele und Vorgehensweisen
11. Kooperative Zielvereinbarungen
12. Identifikation der Mitarbeiter mit ihrer Tätigkeit
13. Qualifizierungsprogramme
14. Maßnahmenplan

Insbesondere dem fünften Punkt kommt nach Deming eine essentielle Rolle zu. Denn um sicher zu stellen, dass die Philosophie alle Bereiche des Unternehmens erreicht und somit eine erfolgreiche Umsetzung des Total Quality Managements gewährleistet ist, müssen alle Teile des Prozesses einer fortwährenden Verbesserung unterliegen. Hierfür griff er ein, in den 1930er Jahren von Walter A. Shewhart entwickeltes Konzept, auf und verbesserte es. Bekannt wurde unter dem Namen „Deming- oder PDCA-Cycle" (Abb. 3). [Inqu2005]

Abbildung 3: Deming-Cycle [Inqu2005]

Er umfasst folgende Arbeitsschritte: [Inqu2005]

Plan: Alle Schwächen und Fehler, die im Prozessablauf auftreten, müssen zunächst identifiziert werden. Hieraus können dann Ideen zur Verbesserung und Planung entwickelt werden

Do: Hier werden diese Verbesserungskonzepte nun durchgeführt. Dies geschieht auf der Basis eines Test-Szenarios, um den laufenden Prozess nicht zu stören.

Act: Nun wird überprüft, ob die Methode tatsächlich zu einer Verbesserung der Prozessabläufe geführt hat.

Check: Im letzten Schritt folgt eine Analyse aller Ergebnisse. Auf ihrer Grundlage werden im Anschluss Möglichkeiten zur Verbesserung untersucht und weiterführende Maßnahmen beschlossen.

3.1.2 Six Sigma

Die Entwicklung von Six Sigma begann in den 1980er Jahren bei Motorola. Erste große Bekanntheit erreichte es im Jahr 1988, als Motorola den „Malcolm Baldridge Quality Award" gewann und anschließend, durch dessen Einführung bei General Electric. Bei Six Sigma handelt es sich um eine statistische Methode zur Prozessverbesserung. [MiHe2008,45-56] Besonderer Wert wird hierbei auf die Reduzierung der Variation von Streuparametern gelegt. Diese haben im Regelfall große Auswirkungen auf die Qualität und können damit in hohem Maße Einfluss auf die Ergebnisse, beispielsweise in der Produktion nehmen. Um Ergebnisse zu erreichen, die nur in geringem Umfang variieren und eine hohe Güte besitzen, ist es notwendige gute Prozesse zu schaffen. Ein Mittel zur Messung dieser Qualität ist die Gaußsche Normalverteilung. Ein Sigma entspricht dabei genau der Standardabweichung. Im Rahmen von Six Sigma wird nun versucht mit Prozessen zu arbeiten, die bei einem Niveau von sechs Standardabweichungen liegen. Auf die Produktion eines Unternehmens bezogen, entspräche das bei 1 Million produzierten Teilen, 3,4 fehlerhaften Ergebnissen.

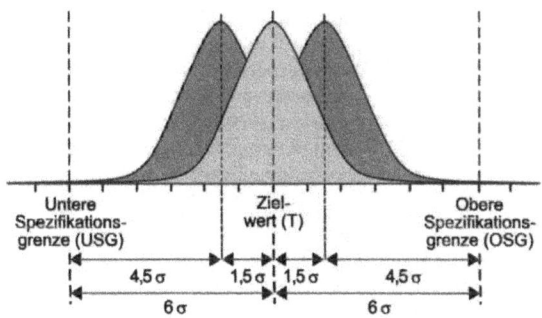

Abbildung 4: Six Sigma Prozessgrenze [Seib2012]

Wie in Abbildung 4 ersichtlich wird, befinden sich die Toleranzgrenzen des Prozesses, also die obere und untere Spezifikationsgrenze bei einem Wert, der dem Mittelwert +/- 6 Standardabweichungen entspricht. Es befinden sich also nur 3,4 von 1 Million Ergebnissen außerhalb dieser Grenzen. Die Wahrscheinlichkeit dafür, dass ein produziertes Teil während des gesamten Produktionsprozesses fehlerfrei bleibt, beträgt somit also 99,9966%. [MiHe2008,45-56]

Das Sigma Niveau	Fehlerquote	Defekte pro 1 Million Möglichkeiten
1 σ	69,0 %	691.462
2 σ	31,0 %	308.538
3 σ	6,7 %	66.807
4 σ	0,62 %	6.210
5 σ	0,023 %	233
6 σ	0,00034 %	3,4
7 σ	0,0000019 %	0,019

Abbildung 5: Sigma-Niveau mit entsprechender Fehlerquote [WiBe2011, 5]

In den meisten Fällen beläuft sich das Qualitätsniveau heutzutage in Unternehmen auf drei bis vier Sigma. Schaut man sich nun die hierdurch entstehenden Kosten für die verursachten Fehler an, liegen diese im Vergleich zu einem 6-Sigma-Niveau, Schätzungen zufolge, um etwa 20 bis 25 Prozent höher. [Hege2009]

Wie nahezu alle Verfahren zur Qualitätsverbesserung, ist auch die Six-Sigma-Methode an den PDCA-Zyklus von Deming angelehnt. Auch hier existieren vordefinierte Arbeitsschritte, um eine erfolgreiche Einführung und spätere Verbesserung der Prozesse zu garantieren. Die Vorgehensweise im Six-Sigma bezeichnet man als „DMAIC" und sie umfasst die folgenden Projektphasen. (Abb. 6)

Abbildung 6: Projektphasen von Six-Sigma [Wave2012]

Die einzelnen Schritte beinhalten dabei spezifische Arbeitsschritte: [WiBe2011, 13f.]

Define: -   Definition und Eingrenzung des zu verbessernden Umfangs

             -      Schaffung von Rahmenbedingungen

Measure: -   Ermittlung des Ist-Zustandes des Prozesses, der verbessert werden soll, auf Basis von konkreten und messbaren Werten

Analyze: -   Betrachtung der Zielgröße, im Zusammenspiel mit beeinflussten Faktoren, die auf dem Wege der Verbesserung und Optimierung beachtet werden müssen

Improve: -   Entwicklung eines oder verschiedener Lösungsansätze

Control: -   Schaffung von Voraussetzungen, um das erreichte Ergebnis aus den vorherigen Schritten auch dauerhaft zu sichern

Die Prozessverbesserung, mittels Six-Sigma, wird durch speziell dafür ausgebildete und trainierte Mitarbeiter durchgeführt und überwacht. Aufgaben, welche für eine erfolgreiche Prozessverbesserung von Belang sind, werden an diese Mitarbeiter vergeben. Die Rollenverteilung wird dabei nach Kompetenzunterschieden vorgenommen und in Gürtelfarben, ähnlich dem asiatischen Kampfsport, deutlich gemacht. Die Hierarchie ist wie folgt aufgebaut:

Management: Trägt die gesamte Verantwortung in allen Fragen, die das Qualitätsmanagement betreffen

Sponsor/Champion: hat Verantwortlichkeit für Ressourcen und Budget

Master Black Belt: Betreut die Projekte und ist Mentor für Black und Green Belts

Black Belt: leitet die bereichsübergreifende Projekte

Green Belt: Leitung für alle Projekte in seinem Bereich

Yellow Belt: Mitarbeiter des Projektteams

3.1.3 KAIZEN

Kaizen ist das bedeutendste japanische Managementkonzept. Seine Bezeichnung setzt sich aus den japanischen Wörtern für Veränderung („Kai") und zum Besseren („Zen") zusammen. In der Praxis setzte es sich unter dem Namen kontinuierlicher Verbesserungsprozess (KVP) durch.

Im Gegensatz zu vielen anderen Ansätzen zur Prozessverbesserung im Qualitätsmanagement, handelt es sich bei Kaizen nicht um eine direkte Methode zur Verbesserung der Prozessqualität. Der Grundgedanke ist hierbei die Überzeugung, dass es für eine stetig hohe Kundenzufriedenheit unverzichtbar ist, bewährte Produkte und Dienstleistungen bis zur Perfektion zur verbessern. In seinem Grundlagenwerk „Kaizen – Der Schlüssel zum Erfolg der Japaner im Wettbewerb" beschreibt Maasaki Imai es so: „Die Botschaft von Kaizen heißt, es soll kein Tag ohne irgendeine Verbesserung im Unternehmen vergehen." [Imai, 1992]

Die Verfahrensweise zur ständigen Verbesserung, ist in ihren Grundzügen zwar stark an den Deming-Cycle „Plan-Do-Act-Check" angelehnt, unterscheidet sich jedoch in einem grundlegenden Punkt von diesem. Während im Total Quality Management vor Allem, auf externer Seite, die Orientierung am Kunden im Vordergrund steht, beginnt die Umsetzung von Kaizen intern bei den Mitarbeitern. Ziel ist es, die Denkweise aller im Prozess beteiligten Mitglieder zu ändern und auf eine ständig während Verbesserung zu konzentrieren. Die Konsequenz daraus ist, dass nach der Einführung von Kaizen, im Betrieb die Verbesserung nicht schlagartig und sprunghaft einsetzt, sondern, dass sie ein langwieriger Vorgang ist. Hier sieht Imai einen deutlichen Unterschied zwischen westlichen und japanischen Unternehmen. Während im Kaizen (Abb. 7) alle Ebenen an der Verbesserung der Prozesse beteiligt sind, wird diese Aufgabe auf westlicher Seite (Abb. 8) zum größten Teil dem oberen Management überlassen.

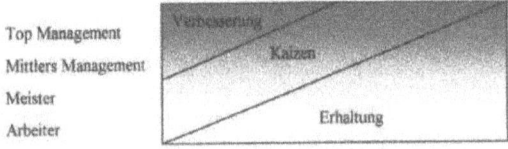

Abbildung 7: Arbeitsteilung nach japanischer Auffassung [Imai1992, 28]

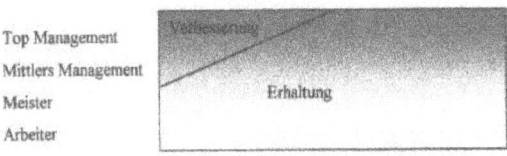

Abbildung 8: Arbeitsteilung nach westlicher Auffassung [Imai1992, 28]

Einen weiteren Unterschied zwischen der Art wie wesentliche Firmen das Qualitätsmanagement umsetzen und der japanischen sieht Imai in der Art zu denken. Während im Kaizen eher prozessorientiert vorgegangen wird, richtet sich das Denken in westlichen Unternehmen vor Allem auf Innovation und das Ergebnis aus. In der Tabelle aus Abbildung 9 werden die Unterscheide zwischen Kaizen und innovationsorientiertem Handeln gegenübergestellt.

	KAIZEN	INNOVATION
1. Effekt	langfristig und andauernd, aber undramatisch	kurzfristig, aber dramatisch
2. Tempo	kleine Schritte	große Schritte
3. Zeitlicher Rahmen	kontinuierlich und steigend	unterbrochen und befristet
4. Erfolgschancen	gleichbleibend hoch	abrupt und unbeständig
5. Protagonisten	jeder Firmenangestellte	wenige "Auserwählte"
6. Vorgehensweisen	Kollektivgeist, Gruppenarbeit, Systematik	"Ellenbogenverfahren", individuelle Ideen und Anstrengungen
7. Devise	Erhaltung und Verbesserung	Abbruch und Neuaufbau
8. Erfolgsrezept	konventionelles Know-how und jeweiliger Stand der Technik	technologische Errungenschaften, neue Erfindungen, neue Theorien
9. Praktische Voraussetzungen	kleines Investment, großer Einsatz zur Erhaltung	großes Investment, geringer Einsatz zur Erhaltung
10. Erfolgsorientierung	Menschen	Technik
11. Bewertungskriterien	Leistung und Verfahren für bessere Ergebnisse	Profitresultate
12. Vorteil	hervorragend geeignet für eine langsam ansteigende Wirtschaft	hauptsächlich geeignet für eine rasch ansteigende Wirtschaft

Abbildung 9: Merkmale von Kaizen und Innovation [Imai1992, 48]

3.1.4 Lean Management

Der Grundgedanke des Lean Managements entstand in den 1950er Jahren bei Toyota. Hier wurden, in Folge des zweiten Weltkrieges, nach effizienten Verfahren für die Serienproduktion gesucht. Daraus entstand das sogenannte Toyota Produktionssystem, auch TPS genannt, welches dem Automobilbauer mit seinen Grundsätzen und Methoden große Gewinne einbrachte.

In Folge dessen, verglichen Wissenschaftler in den 1990er Jahren, im Rahmen einer Studie, den Aufbau und die Organisation von japanischen, amerikanischen und europäischen Autoherstellern, um damit den Erfolg Japans in diesem Wirtschaftssektor erklären zu können. Das Ergebnis der Studie war, dass japanische Firmen in flacheren Hierarchien und schlankeren Strukturen aufgebaut waren, und dass diese Art des Managements die Unternehmensentwicklung positiv beeinflusste. Hieraus entstand auch der Begriff „Lean" Management, was aus der englischen Sprache übersetzt schlankes Management bedeutet.

Als Väter gelten W. Edwards Deming, Taiichi Ohno und Jeck Welsh, welche die Philosophie mit all ihren Prinzipien begründeten. Im Fokus dieses Konzepts steht vor Allem das Produkt und dessen Qualität und somit die Kundenorientierung (Abb. 10). Es wird versucht die Wertschöpfungskette aus der Perspektive des Kunden zu begreifen.

„An der Kundenschnittstelle haben Schwankungen nichts verloren" [Welsh]

Die Ziele des Lean Managements lassen sich wie folgt zusammenfassen. [Baye2014, 20]

Durchlaufzeit gleich Wertschöpfungszeit:

- durch flexible Auftragsbearbeitung
- durch konzentrieren auf Material- bzw. Produktionsfluss
- durch ganzheitliches betrachten der Wertschöpfungskette

Qualität so hoch wie möglich:

- durch standardisieren der Arbeitsschritte
- durch einsetzen erprobter Technologien
- durch eliminieren von Fehlermöglichkeiten

Kosten so gering wie möglich:

- durch reduzieren der Umlauf- und Lagerbestände
- durch reduzieren von nicht wertschöpfenden Tätigkeiten
- durch Kompetenzentwicklung der Mitarbeiter und Führungskräfte

Ein weiterer grundlegender Aspekt der Philosophie des Lean Managements ist es, alle Arten von Verschwendung, die in der Produktion entstehen, soweit es geht zu vermeiden. „Jegliche Verschwendung ist aus dem System zu eliminieren" [Ohno] Dabei kennt das Lean Management 7 Arten der Verschwendung: [EbKu2011]

1. Überproduktion
2. Zu hohe Bestände
3. Transport
4. Unnötige Bewegungen
5. Produktionsfehler und Nacharbeit
6. Wartezeit
7. Falsche oder unnötige Prozesse

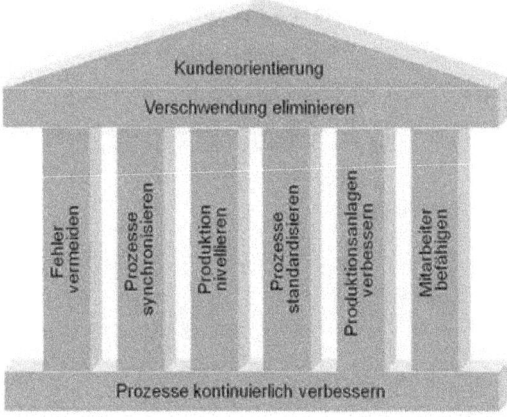

Abbildung 10: Bestandteile des Lean Managements [Yasa 2013]

Parallelen zum Lean Management sind vor Allem im TQM und im Kaizen zu finden. Beide Konzepte bilden, mit ihrem kontinuierlichen Verbesserungsprozessen und der Tatsache alle Mitarbeiter in den Prozess zu integrieren, das Fundament für die Lean Methode (Abb. 10). Der Nutzen, der mit der Durchführung aller Prozesse nach dieser Methode entsteht, kann vielfältig sein. Eine Produktion, die nach dem Lean Management ausgerichtet ist bietet nicht nur dem Kunden Vorteile. Auch das Unternehmen und dessen Mitarbeiter können in großem Maße davon profitieren. [Baye2014, 42]

Kunden:	-	Jederzeit Lieferfähig
	-	Kürzere Lieferzeiten
	-	90% weniger Fehler in Hinblick auf die vom Kunden erwartete Qualität
Unternehmen:	-	bis 90% Reduzierung der Durchlaufzeiten
	-	bis 50% Produktivitätssteigerung
	-	bis 90% Bestandsreduzierung
	-	Verbesserte Deckungsbeiträge
Mitarbeiter:	-	Klare Anforderungen durch verbindliche Standards
	-	Anspruchsvollere Tätigkeiten durch ständiges Hinterfragen
	-	Weniger Ärger aufgrund von Standards und dadurch geringere Fehlerzahl

3.2 Business Intelligence

3.2.1 Intension

Datenbanken können auf zwei verschiedene Art und Weisen verwendet werden. Zunächst können sie dazu dienen, unternehmensinterne Tätigkeiten, wie Lieferantenbezahlungen, Bearbeitungsstatus eines Auftrags oder die Lohnzahlungen zu dokumentieren. Die Möglichkeiten Datenbanken zu nutzen, sind jedoch noch deutlich vielseitiger. Mit ihrer Hilfe können beispielsweise genaue Informationen zur Entscheidungsfindung bereitgestellt und somit das Geschäftsfeld und alle darin enthaltenen Tätigkeiten, effizienter umgesetzt werden. [LaLS2010,306]

Hans Peter Luhn prägte in diesem Zusammenhang, bei seiner Forschung zur Informationsverbreitung, den Begriff „Business Intelligence System". [Luhn1958,314]

- Business: "Business is a collection of activities carried on for whatever purpose, be it in science, technology, commerce, industry, law, government, defense, et cetera."
- Intelligence: "Intelligence is ... the ability to apprehend the interrelationships of presented facts in such a way as to guide towards a desired goal".
- Business Intelligence System: "An automatic system is being developed to disseminate information to the various sections of any industrial, scientific or government organization. [...] "

Ziel war es, dabei durch Verwendung von Informationstechnologien eine effizientere Gestaltung des Dokumentenmanagements zu erreichen. Besonders in großen Unternehmen, in den zum Teil umfangreiche Datenbanken und diverse Arbeitsbereiche wie Buchhaltung, Produktion und Vertrieb existieren, können Business Intelligence Instrumente eine sehr gute Möglichkeit sein, um untereinander auf die Daten der jeweiligen Bereiche zuzugreifen und zu analysieren. Diese Analysedaten können im nächsten Schritt zur Entscheidungsfindung für die Managementebene dienen.

„Business Intelligence ist der Sammelbegriff für [...] Techniken zur Konsolidierung, Analyse und Bereitstellung von Daten zu Zwecken der Entscheidungsunterstützung"

[LaLS2010,306]

3.2.2 Data Warehouse

Um Entscheidungen zu treffen, bedarf es im Unternehmen umfassende und zuverlässige Informationen über Veränderungen, entstehende Trends oder die aktuellen Entwicklungen. Das Problem besteht dann zumeist darin, das nur die operativen, also die aktuellen Daten sofort verfügbar sind. Ältere Daten, zu vorherigen Zeiträumen, sind in speziellen Berichten gesammelt und eine Aufstellung dieser, ist häufig sehr kosten- und zeitintensiv. In den meisten Fällen liegen die für die Auswertung benötigten Daten voneinander getrennt, bei den jeweiligen Systemen, wie z.B. Produktion, oder Vertrieb. Die Entscheidungen, die von Managern getroffen werden, fußen deshalb oft auf einer lückenhaften Informationsgrundlage.

„Data-Warehousing behebt dieses Problem, indem wichtige Daten über den Geschäftsbetrieb des gesamten Unternehmens so zusammengeführt werden, dass die Daten konsistent, zuverlässig und für die Berichterstellung leicht zugänglich sind."

[LaLS2010,36]

Ziel sollte es also sein, die entscheidungsrelevanten Informationen so zu dokumentieren, dass eine spätere Auswertung ermöglicht wird.

Für den Aufbau eines Data-Warehouse ist es zunächst notwendig, die Daten, die eine strategische Relevanz besitzen, aus den externen Quellen zusammenzutragen und zu standardisieren. Im Anschluss werden sie mit Hilfe eines sogenannten ETL-Prozesses transformiert und in ein Data-Warehouse-Datenmodell geladen.

Datenmodelle besitzen drei elementare Bestandteile: [GaGlu97]

Fakten sind Variablen, die eine Unternehmenskennzahl repräsentieren (z.B. Umsatz, Menge, Kosten). Sie sind das Ergebnis unternehmerischer Tätigkeit. Fakten können in verschiedene **Versionen** aufgeteilt werden (z.B. Ist-Umsatz, Soll-Umsatz)

Dimensionen spiegeln die unternehmerische Sichtweise wieder, nach der die Fakten aufgeschlüsselt werden (z.B. Kunden, Regionen, Produkte, Zeit). Diese Dimensionen lassen sich zu **Hierarchien** verdichten (z.B. Kunden – Kundengruppe). Innerhalb einer Dimension unterscheidet man zwischen **Dimensionselementen** nach denen verdichtet

22

wird (z.B. Produkt), und **Dimensionsattributen**, die lediglich beschreibenden Charakter haben (z.B. Abmessungen)

Regeln sind Vorschriften, die festlegen, wie eine Kennzahl berechnet wird (z.B. Gesamtpreis = Menge * Einzelpreis)

Beispiele für Datenmodelle:

Star-Schema

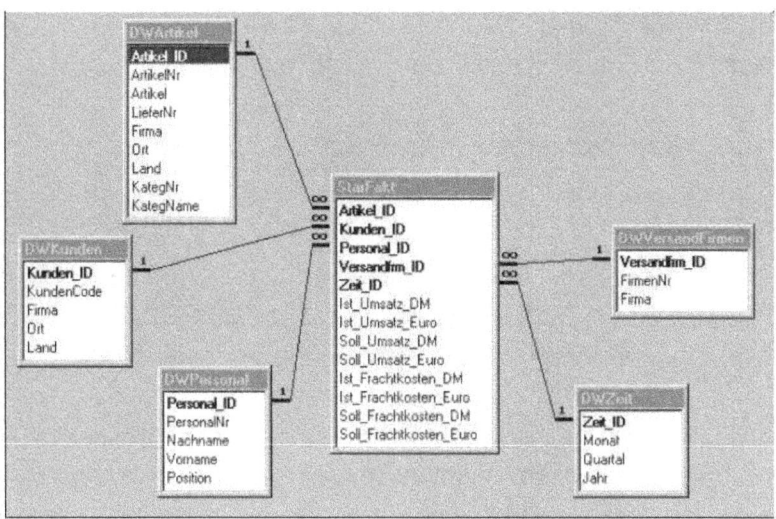

Abbildung 11: Beispielhafte Darstellung eines Star-Schemas [Schl1998, 61]

Die Dimensionen sind beim Star-Schema sternförmig um die Faktentabelle angeordnet. Sie enthält alle auszuwertenden Kennzahlen. Die Dimensionen sind in denormalisierter Form gespeichert, d.h. alle Elemente und Attribute einer Dimension werden in einer Dimensionstabelle gehalten.

23

Bewertung: +   aufgrund des einfachen Aufbaus gute Verständlichkeit

+   geringer Erstellungsaufwand

+   hohe Modifizierbarkeit

-    hohe Fehleranfälligkeit

Galaxy-Schema

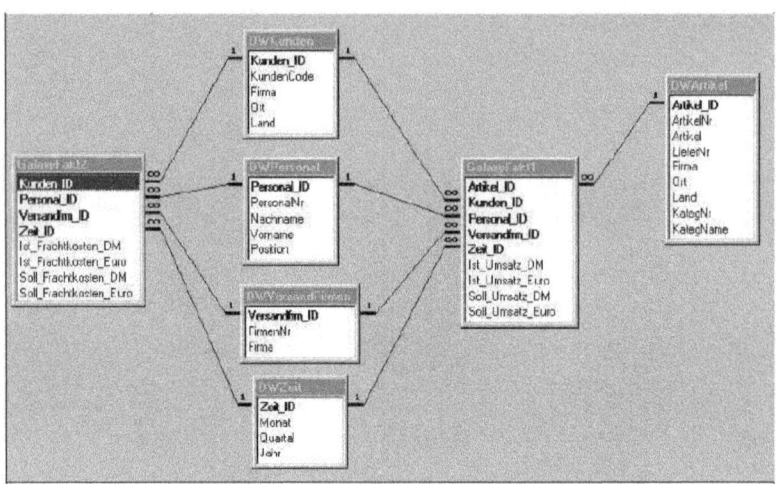

Abbildung 12: Beispielhafte Darstellung eines Galaxy-Schemas [Schl1998, 63]

Beim Galaxy-Schema werden Kennzahlen unterschiedlicher Dimensionen in verschiedenen Faktentabellen zusammengefasst. Dadurch erhält man mehrere, durch gleiche Dimensionen verbundene, Star-Schemata. Die Speicherung der Dimensionen und den Dimensionstabellen erfolgt ebenfalls in denormalisierter Form.

Vorteile: +   Datenmodelle haben hohe Richtigkeit

+   Fehlzustände ausgeschlossen, da Kennzahlen nur mit den
        dazugehörigen Dimensionen kombiniert werden

+   hohe Anpassbarkeit

-    sehr geringe Modifizierbarkeit

Snowflake-Schema

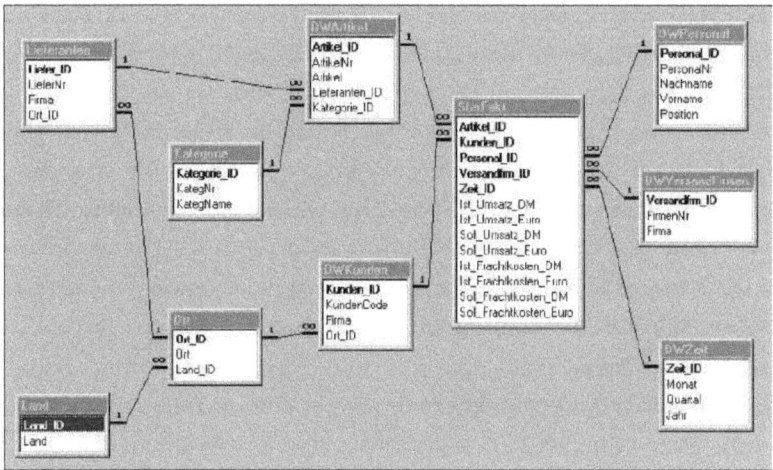

Abbildung 13: Beispielhafte Darstellung eines Snowflake-Schemas [Schl1998, 65]

Die Anordnung zwischen Dimensionen und Fakten kann beim Snowflake-Schema grundsätzlich als Star- oder Galaxy-Schema umgesetzte werden (hier Star-Schema). Jedoch sind die Dimensionen zusätzlich in normalisierter Form gespeichert.

Bewertung: Durch Kombination der Star- und Galaxy-Schemata ist es möglich die Vorteile der beiden ergänzend zu nutzen. Um somit die Schwächen, die bei der Einzelanwendung auftreten, zu minimieren. Probleme bereitet beim Snowflake-Schema jedoch das Abfrageverhalten, welches aufgrund der normalisierten Form als schlecht einzustufen ist. Auch der Erstellungsaufwand ist hier bedeutend höher.

3.2.3 ETL-Prozesse

Der ETL-Prozess beinhaltet drei Hauptfunktionen. Zunächst werden die Daten aus heterogenen Informationssystemen extrahiert. Die Heterogenität resultiert dabei aus der Tatsache, dass die Daten aus den verschiedensten Bereichen des Unternehmens zusammengetragen werden und dabei eine bereichsspezifische Form und Inhalt besitzen. Nun werden in mehreren Schritten diverse Unterschiede, wie voneinander abweichende Datumsformate oder Kodierungen, bereinigt und standardisiert. Diesen Schritt nennt man Transformation. Hierbei werden die Daten validiert und gefiltert. Weiterhin können sie hier mit ergänzenden Informationen ausgestattet werden, um die Qualität der Daten zu erhöhen und für eine Datenbasis zu sorgen, die für das Data Warehouse von Nutzen ist.

Ist der Transformationsschritt abgeschlossen, liegen sämtliche Daten aller Quellen in standardisierter homogener Form vor und können in der letzten Phase des Prozesses, in das Data Warehouse geladen werden.

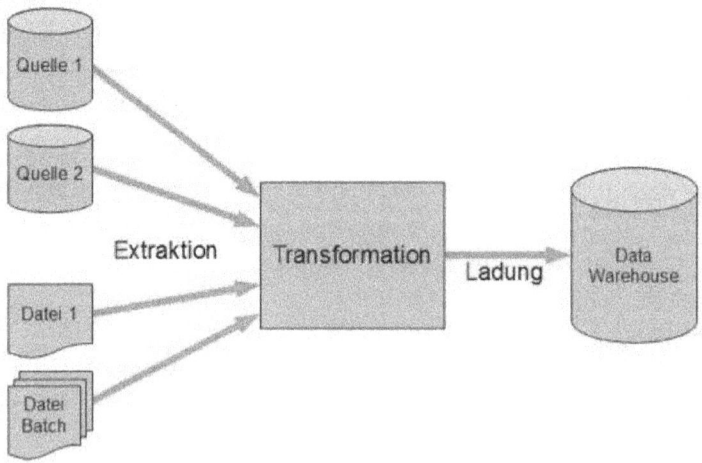

Abbildung 14: Ablauf eines ETL-Prozesses [Lipi2014]

4. Die wissenschaftliche Methode

4.1 Modelle der Softwareentwicklung

Die Problemstellung dieser Arbeit bestand darin, einen Weg zu finden, mit welchem es dem Unternehmen ermöglicht wird, seine Daten zu den Beanstandungen zu erfassen und im Anschluss zu analysieren. Die Umsetzung sollte dabei zu jeder Zeit ein hohes Maß an Transparenz aufweisen, um sicherzustellen, dass jeder Bediener Überblick über die gesamten Bearbeitungsprozesse hat. Weiterhin war es notwendig, die Durchgängigkeit der Daten zu gewährleisten. Da eine spätere Auswertung geplant war, mussten die Daten von Beginn an, in sich schlüssig und frei von Redundanzen sein. Um diese Anforderungen umzusetzen, bot sich die Entwicklung einer Software an. Das Vorgehen einer solchen Entwicklung kann in verschiedenen Modellen veranschaulicht werden. Der Nutzen dieser Vorgehensmodelle liegt dabei in der: [Scha2010,27]

- Strukturierung des Projekts: Trennung der zeitlich abgegrenzten Phasen und der darin stattfindenden inhaltlich bestimmten Aktivitäten

- Kommunikation: gemeinsames Verständnis der Aufgaben und Verantwortlichkeiten

- Vollständigkeit: um nichts Wesentliches zu übersehen

- Vorhersage (Planung) über das Projektergebnis

- Basis für Projektkontrolle und Analyse, Harmonisierung der Erwartungen

- Erfahrungssammlung (organisationelles Lernen)

27

Die Arbeitsschritte, die innerhalb der Vorgehensmodelle zur Softwareentwicklung zu leisten sind, ähneln sich untereinander. Jedoch können die Reihenfolge und die Gewichtung auf einzelne dieser Schritte teils grundlegend verschieden sein. Hier eine kurze Auflistung der Aktivitäten, die bei der Entwicklung entstehen:

- Analyse
- Entwurf
- Implementierung
- Test (einschließlich Integration, synonym: Validierung)
- Deployment (Installation, Schulung)
- Evolution (vor allem Wartung)
- Und viele weitere (Versionsmanagement, Reviews, …)

Über die letzten Jahre hinweg haben sich immer neue Vorgehensmodelle im Software Engineering durchgesetzt. Diese werden im Folgenden kurz vorgestellt [Scha2010,29-42]

4.1.1 Wasserfall-Modell

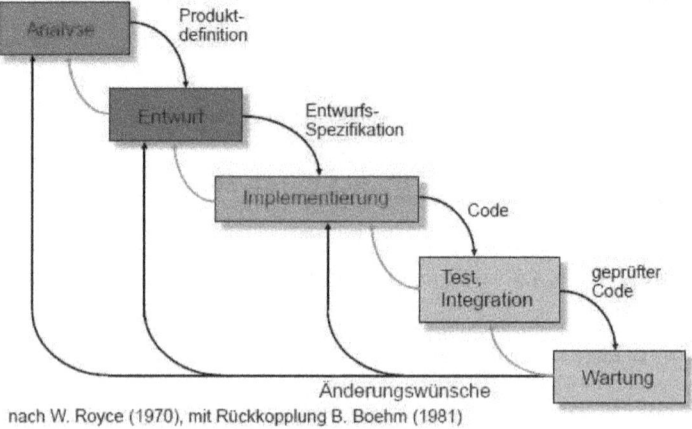

Abbildung 15: Vorgehen nach dem Wasserfall-Modell [Scha2010,30]

- Alle Schritte werden sequentiell durchgeführt
- Mit einem Schritt wird erst dann begonnen, wenn der vorherige Schritt fertig ist, d.h. das Ergebnis der vorherigen Phase vorliegt
- Bewertung:
  - Einfach zu verstehen
  - Einfach zu managen
  - Einfach zu überwachen (definierte Phasenübergänge)
  - Probleme bei Änderungen und Verzögerungen in einzelnen Phasen

4.1.2 V-Modell

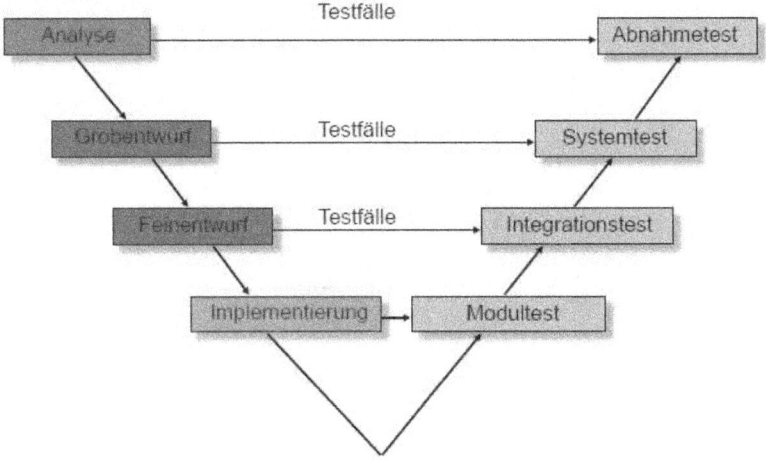

Abbildung 16: Vorgehen nach dem V-Modell [Scha2010,34]

- Erweiterung des Wasserfall-Modells
- Integriert die Qualitätssicherung (Verifikation und Validation)
  - Verifikation: Übereinstimmung zwischen einem Software-Produkt und seiner Spezifikation (Wird ein korrektes Produkt entwickelt?)

- Validation: Eignung bzw. Wert eines Produkts bezogen auf seinen Einsatzzweck (Wird das richtige Produkt entwickelt?)
- Verbindlich für Bundeswehr und Behörden (V-Modell XT)
- Sehr umfangreiches Modell, das für eine konkrete Entwicklung angepasst werden muss (Tailoring)

4.1.3 Iterative Verfahren

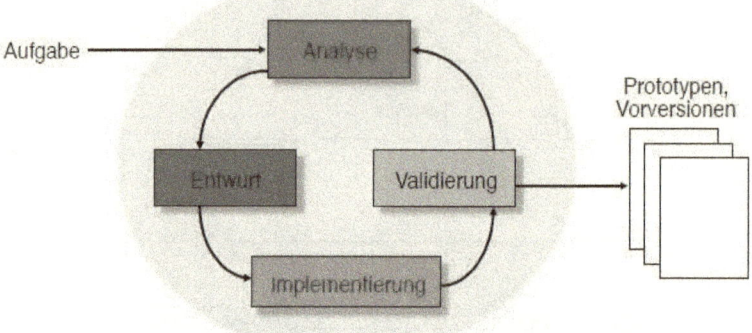

Abbildung 17: Vorgehen nach iterativem Verfahren [Scha2010,36]

- Der Entwicklungsprozess besteht aus einer Folge von Zyklen (Iterationen).
- Am Ende jedes Zyklus steht eine neue (ausführbare) Version des SW-Produkts, welche die vorherige Version verbessert und erweitert

Unterschieden werden können dabei zwei grundlegende Vorgehensweisen, bei der Verwendung eines iterativen Verfahrens:

Inkrementell: - Anforderungsanalyse und Konzeption nur zu Beginn der Entwicklung
- Jede Iteration erzeugt ein weiteres Stück der Lösung
- Schneller zu ersten Ergebnissen, aber anfällig bei Anforderungsänderungen

Evolutionär: Anforderungsanalyse und Konzeption in jeder Iteration

Der grundlegender Konflikt, der zwischen diesen beiden Herangehensweisen entsteht, ist die hohe Flexibilität der inkrementellen Variante auf der einen Seite und das garantierte Erreichen des Ziels der evolutionären auf der anderen.

4.1.4 Weitere Vorgehensmodelle

Spiralmodell: iteratives Durchlaufen der Phasen in einer Spirale

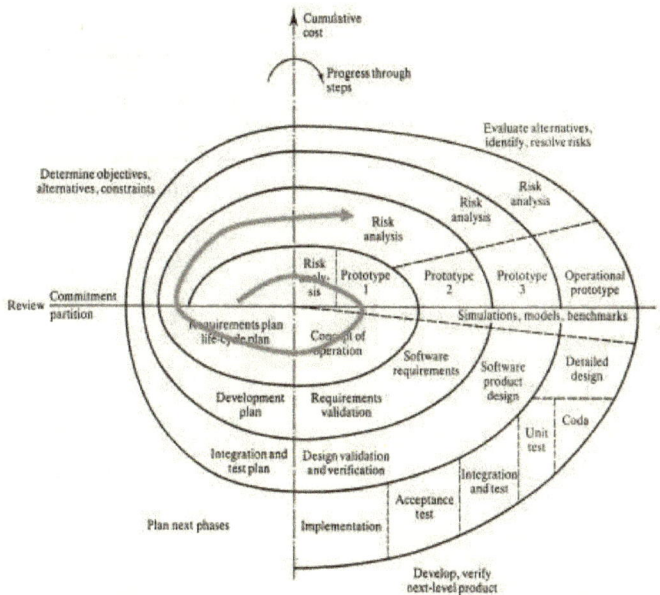

Abbildung 18: Spiralmodell nach B. Boehm [Boeh1988]

Rational Unified Process (RUP): inkrementelles Verfahren mit zweidimensionaler Anordnung von Phasen und Aktivitäten

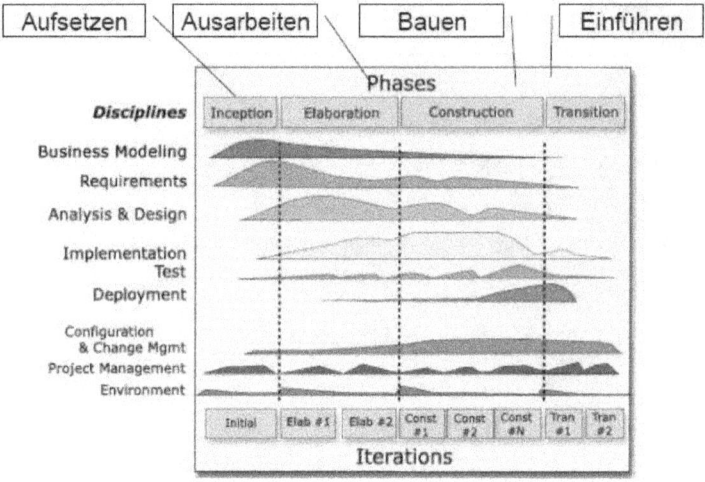

Abbildung 19: Vorgehen nach RUP [Scha2010, 41]

Agile Softwareentwicklung nach Beck:

Ein weiteres Modell, welches vor allem in den letzten Jahren stark an Bedeutung gewann, ist die agile Entwicklungsmethode. Die wichtigsten Eckpunkte dieses Vorgehens stellte Kent Beck, der Begründer der Methode, in seinem Werk „Agile Manifest" auf: [Beck2001]

- Individuen und Interaktionen sind wichtiger als Prozesse und Werkzeuge.
- Funktionierende Programme sind wichtiger als ausführliche Dokumentation.
- Die stetige Abstimmung mit dem Kunden ist wichtiger als die ursprüngliche Leistungsbeschreibung in Verträgen.
- Der Mut und die Offenheit für Änderungen stehen über dem Befolgen eines festgelegten Plans.

4.1.5 Prototypbasierte Entwicklung

Das Vorgehensmodell, welches für die Umsetzung des Programmes angewandt wurde, ist das des Prototyps.

Entwicklungsprozess:

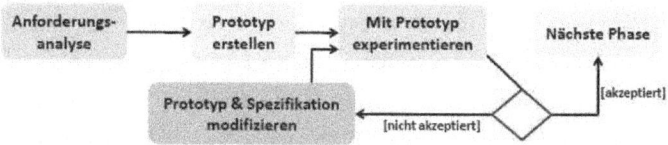

Abbildung 20: Vorgehen nach der prototypbasierten Entwicklung [Scha2010, 38]

Die Vorteile, bei der Verwendung dieser Methode, liegen darin, dass nach dem die Anforderungen klar definiert wurden und ein erster Prototyp erstellt wurden, ein experimentieren mit diesem möglich wird. Vor Allem positiv zu bewerten ist hierbei die Tatsache, dass zu jedem Zeitpunkt, in die bisher erstellte Version eingegriffen werden kann, um eventuelle Verbesserungen oder Anpassungen vorzunehmen. Anders als in anderen Vorgehensmodellen sind die Phasen der Arbeit am Prototyp nie in dem Maße abgeschlossen, sodass ein späteres Eingreifen in den Quellcode, oder das Design verhindert wird. Dies wirkt sich vor allem positiv auf die Kosten und die Flexibilität der Softwareentwicklung aus. Aber auch die Qualität und die Funktionalität können mit Hilfe dieser Methode gesteigert werden, da der spätere Anwender jeder Zeit in der Lage ist, durch Testläufe zusätzlich benötigte Funktions- und Spezifikationswünsche zu äußern.

4.2 Die Methode des Prototypings

4.2.1 Prototyping allgemein

Die Methode nach der bei der Lösung dieses Problems vorgegangen wurde, ist die des Prototyping. Hierbei handelt es sich um eine Form der Softwareentwicklung, mit der es möglich ist, auf einem relativ schnellen Weg, zu ersten Ergebnissen zu gelangen. Die Absicht, welche mit der Erstellung eines Prototyps verfolgt wird, ist es mit vergleichsweise einfachen und schnellen Mitteln kritische Aspekte der späteren fertigen Software frühzeitig zu erkennen und diese zu untersuchen. Hierbei bietet ein Prototyp die Möglichkeiten, Anforderungen, welche der Bediener an die Software stellt, mit den tatsächlich vorhandenen Realisierungsoptionen abzustimmen. Eine Zusammenarbeit zwischen Anwender und Entwickler kann dabei bei der Realisierung für beide Seiten von Vorteil sein. Zum einen erfahren die Entwickler welche genauen Vorstellungen auf der Anwenderseite bestehen, zum anderen bietet sie eine Chance für die Anwender zu einem sehr früher Stadium der Entwicklung bereits abschätzen zu können, welche Funktionen im fertigen Produkt enthalten sein könnten.

Des Weiteren birgt diese Methode ein großes Potential zur Kosteneinsparung. Selbst wenn in den frühen Phasen viele Konzepte wieder verworfen werden, kann sich die Entwicklung eines Prototyps für ein Unternehmen finanziell lohnen.

Bei der Erstellung wird in drei verschiedene Arten, abhängig von ihrem Anwendungszweck, unterschieden: [Kuhr2012]

- *Demonstratoren* finden hauptsächlich in der Akquise bzw. in den frühen Phasen eines Projekts Anwendung. Sie zeigen grob die Richtung auf, in die sich eine Software entwickeln kann, sind üblicherweise jedoch noch "weit" von der finalen Realisierung entfernt.

- *Labormuster* dienen dazu, technische Fragestellungen zu untersuchen und z.B. die Tragfähigkeit einer Architektur zu beurteilen.

- *Pilotsysteme* sind Prototypen, die bereits große Teile der finalen Funktion der Software enthalten. Im Gegensatz zu Labormustern sind bei Pilotsystemen bereits die Anwender mit eingebunden und können das System testen und bewerten. Pilotsysteme sind Prototypen hohen Reifegrads, die in etwa das Bindeglied zwischen "Wegwerf-Prototypen" und dem Zielsystem darstellen.

Bei der Umsetzung des Programms für das mittelständige Unternehmen wurde die Art des Pilotsystems gewählt. Der spätere Anwender hat mit der Software bereits zum jetzigen Zeitpunkt die Möglichkeit, nahezu sämtliche Funktionen, die im finalen Produkt enthalten sein werden, zu testen und zu beurteilen. Um eine vollständige Funktionsfähigkeit zu gewährleisten, müsste das Programm nun auf die Unternehmensspezifikationen abgestimmt werden.

Der grundlegende Aufbau eines Prototyps kann im Allgemeinen in zwei Muster unterteilt werden:

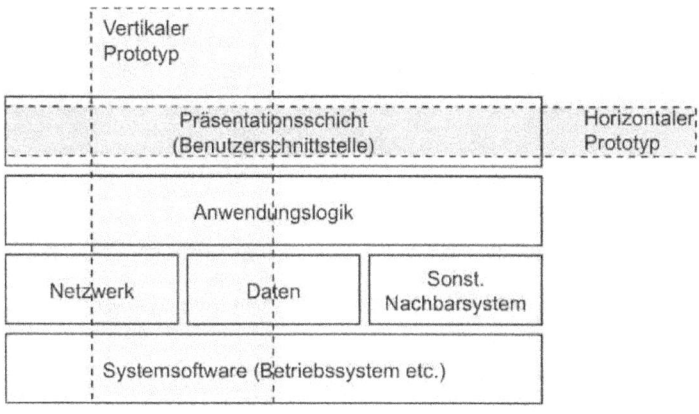

Abbildung 21: Muster von Prototypen [Kuhr2012]

Horizontaler Prototyp

Ziel ist es hierbei, dem späteren Anwender zu einem frühen Zeitpunkt die Möglichkeit zu geben, sich mit der Software auf Benutzerseite vertraut zu machen. Der Prototyp dient bei der horizontalen Umsetzung ausschließlich als Benutzerschnittstelle und enthält keine tiefer technische Funktion. Das Hauptaugenmerk liegt dabei zunächst auf der Realisierung eines bestimmten gewählten Bereichs der Architektur.

35

Vertikaler Prototyp

Die vertikale Umsetzung verfolgt die Absicht, dem Anwender einen Einblick in die komplexen Funktionen der Software zu verschaffen. Der Prototyp beinhaltet hierbei einen Querschnitt, durch alle Schichten der Architektur. Ausgehend vom Ende, an dem der spätere Benutzer arbeitet, bis hin zur Datenbank. Ziel ist es einen bestimmten Bereich in seiner Ganzheit zu demonstrieren.

Beim erstellten Prototyp der Architektur dieser Arbeit, handelt es sich um die vertikale Umsetzung. Dem Anwender wird es ermöglicht, beginnend vom operativen Softwareteil der Erfassung, über die Visualisierung der in der Datenbank erfassten Daten, bis hin zur Bearbeitung, jeden Schritt zu überprüfen. Der Vorteil, der sich aus der Wahl dieses Typs ergibt ist, dass die eventuellen Anmerkungen des Anwenders, welcher über das genaue produktionstechnische Wissen verfügt, direkt in den Prototypen integriert werden könnte. Ein weiterer positiver Aspekt liegt darin, dass ein Mitarbeiter den groben Aufbau der Software versteht. Gerade dann, wenn das Programm im Unternehmen tatsächlich zum Einsatz kommt, kann es von großem Nutzen sein, dass außer den Entwicklern auch intern eine Person Kenntnis von der Architektur besitzt.

4.2.2 Verwendung der prototypbasierten Softwareentwicklung in dieser Arbeit

Anhand der Abbildung 22 lässt sich das Vorgehen der Programentwicklung sehr anschaulich darstellen.

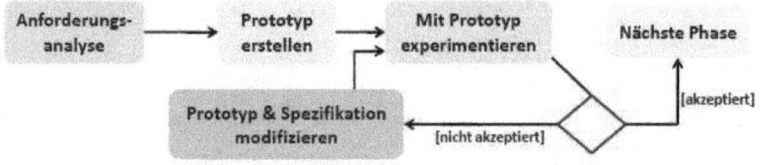

Abbildung 22: Arbeitsschritte bei der Erstellung eines Prototypen [Scha2010,38]

Anforderungsanalyse:

Der erste Schritt der Erstellung bestand darin, die genauen Anforderungswünsche des Unternehmens zu erörtern, um im späteren Programm exakt auf eben diese eingehen zu können und keinen Aspekt der Datenverarbeitung zu vernachlässigen. Ziel war es die Datenerfassung bis hin zur Auswertung transparent und durchgängig zu gestalten. Dafür bot sich die Verwendung einer Datenbank an, die mit Hilfe eines operativen Systems gefüllt werden kann.

Prototyp erstellen:

Bei der Umsetzung des operativen Teils des Programms, also des Erfassungsformulars, war eine Einarbeitung in Visual Studio und die darin enthaltene Programmiersprache C# notwendig. Mit Hilfe des Werkzeugkastens, den Visual Studios beinhaltet, war es möglich, das Formular und die Übersichtstabellen für die erfassten Beanstandungen zu erstellen.

Anschließend mussten noch die Datenbanken angelegt und mit dem Programm verbunden werden.

Im letzten Schritt wurden die ETL-Prozesse aufgestellt.

Mit Prototyp experimentieren:

Die effektivste Methode, um den Prototypen zu testen, war es die Originaldaten des Unternehmens zu verwenden um damit die Datenbanken zu füllen. Probleme bereitete dabei vor allem die Zusammenarbeit zwischen Microsoft Access und dem ETL-Programm Pentaho. Die Daten wurden entweder nicht aus der Datenbank geladen oder nicht korrekt in die neue geschrieben, was die Testläufe unmöglich machte. Nach mehreren Versuchen fiel die Wahl dann auf das Datenbankprogramm Microsoft SQL-Server, womit eine stabile Anbindung an die Datenbanken sichergestellt werden konnte. Aber auch kleiner Fehler, wie im Design oder dem Aufbau konnten durch das Experimentieren behoben werden.

5. Dokumentation der Ergebnisse

5.1 Entwicklung des Prototyps einer Business Intelligence Architektur im Qualitätsmanagement

5.1.1 Software des operativen Systems

Die Lösung, des zu Beginn erläuterten Problems, umfasste zunächst die Aufgabe ein Programm zu erstellen, welches der Erfassung der aufgetretenen Beanstandungen dient. Da eine spätere Anbindung an die von Microsoft entwickelten Datenbankprogramme Access oder SQL Server geplant war, wurde die Programmierung der Software mit der ebenfalls von Microsoft entwickelten Programmierumgebung Visual Studio umgesetzt. Dies sollte die Anbindung schneller und einfacher machen.

Zu Gunsten der Übersichtlichkeit erschien es als Hilfreich, beim Start des Programms ein Auswahlfenster anzeigen zu lassen, was sämtliche Funktionen der Software auf einen Blick darstellt, um diese mit einem Klick öffnen zu können.

Nach dem Öffnen der Entwicklungsumgebung Visual Studio und der Auswahl „Neues Projekt" muss der Nutzer sich zunächst für die gewünschte Programmiersprache entscheiden (Abb.23). Zur Programmierung des operativen Systems fiel die Wahl auf C#.

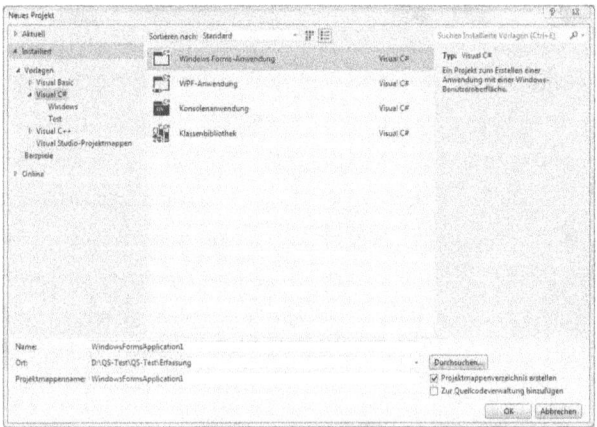

Abbildung 23: Auswahl C#

Hierbei werden auch sofort der Name und der Speicherort der Form, so werden die programmierbaren Fenster in Visual Studio genannt, festgelegt.

Nachdem die Wahl nun mit „Ok" bestätigt wurde, erscheint eine leere Form (Abb.24), welche nun zunächst das Startfenster beinhalten soll.

Abbildung 24: leere Form beim Start eines Visual Studio Projekts

Die Anforderung an die Software bestand darin, zunächst ein Erfassungsformular zu erstellen. Im Anschluss wurde eine Übersichtstabelle notwendig, mit deren Hilfe alle bisherigen Beanstandungen eingesehen und auf Wunsch geändert werden können. Als Punkt drei sollte, abhängig von der in der Erfassung getroffenen Entscheidung, die Möglichkeit einer Bearbeitung der zu beanstandenden Teile vorhanden sein, welche auch wieder, in einer vierten Auswahl Option, aufgelistet und geändert werden können. Um die leere Form zu nächsten mit Buttons zu füllen, die der spätere Auswahl dienen, befindet sich an der linken Bildschirmseite in ausklappbares Menü mit dem Name „Werkzeugkasten". (Abb.25)

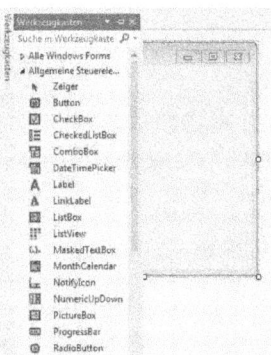

Abbildung 25: Auswahlmenü des Werkzeugkastens

An zweiter Position befindet sich das Tool „Button", was mit der linken Maustaste nur angeklickt und in die Form gezogen werden muss. Diese Vorgehensweise wird bei allen Tools der Software angewendet werden.

Das Startfenster des Programms soll also vier Funktionen bereitstellen. Somit werden auch vier Buttons benötigt. Sind diese alle vier in die Form geschoben wurden, kann damit begonnen werden, sie anzupassen. Die kleinen Punkte an den Ecken können dabei zur Größeneinstellung verwendet werden.

Am unteren linken Rand von Visual Studio befindet sich das Eigenschaftsfenster. (Abb.26) Je nachdem welches Tool ausgewählt wird, lassen sich darin spezifische Anpassung, wie der Name des Tools im Quellcode, oder der Text des Buttons vergeben.

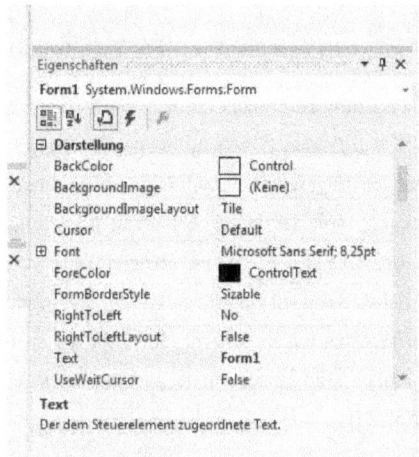

Abbildung 26: Eigenschaftsfenster der Werkzeuge

Sind nun alle vier Funktionen in die Form eingefügt und mit Namen und Text versehen, ist das Design des Startfensters (Abb. 27) abgeschlossen und die Programmierung der einzelnen Buttons kann beginnen.

Abbildung 27: Startfenster des operativen Systems

Um die Programmierung zu starten muss das jeweilige Tool doppelt angeklickt werden, um in den Bereich zum Schreiben des Quellcodes zu gelangen.

Die Funktion eines Buttons ist es, beim Anklicken eine Aktion durchzuführen. Die Aktion in diesem Fall wäre es, je nach Wahl ein neues Fenster zu öffnen (Abb.28).

```
private void btnErfassen_Click(object sender, EventArgs e)
{
    FrmErfassung E = new FrmErfassung();
    E.Show(this);
}
```

Abbildung 28: Befehl zum Öffnen einer neuen Form

Das in der ersten Zeile aufgeführte `btnErfassen_Click` bedeutet, dass die Aktion, welche im Quellcode darunter beschrieben wird, vom Programm beim Klicken auf den Button „Vorgang erfassen" vollzogen werden soll. Die Aktion ist in diesem Fall, das Öffnen der Form Erfassung. Dies geschieht durch den Befehl „Show(this)".

Bei der Form Erfassung handelt es sich um das Formular (Abb. 29), mit dem die Beanstandungen eingetragen werden können.

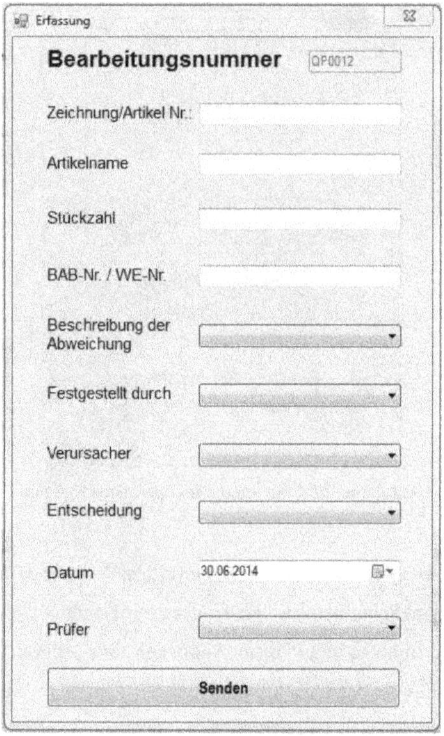

41

Abbildung 29: Erfassungsformular

Am Kopf des Formulars befindet sich die Bearbeitungsnummer. Dabei handelt es sich um eine fortlaufende Nummer, die automatisch, anhand der schon vorhandenen Erfassungen in der Datenbank, generiert wird (Abb.30).

```
private void autogenerated()
{
    str = "select count(*) from Erfassung";
    cmd = new SqlCommand(str, cn);
    cn.Open();
    count = Convert.ToInt16(cmd.ExecuteScalar()) + 1;
    txtBNr.Text = "QP00" + count.ToString();
    txtBNr.Enabled = false;
    cn.Close();
}
```

Abbildung 30: Befehl zum Generieren der Bearbeitungsnummer

Dies geschieht mit dem Befehl `txtBNr.Text = „QP00" + count.ToString()`.
Bei den anderen Tools handelt es sich entweder um Text-Boxen, in denen die Eingabe
manuell per Tastatur erfolgt, oder Combo-Boxen, welche zuvor mit einer Auflistung der
Auswahlmöglichkeiten gefüllt wurden. Die Auflistung wird im Eigenschaftsfenster der
Combo-Box (Abb.31) vorgenommen.

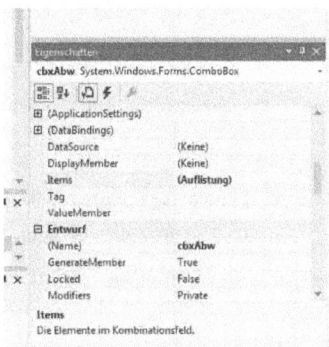

Abbildung 31: Eigenschaftsfenster Combo-Box

Unter Items kann die entsprechende Liste aufgerufen und bearbeitet werden (Abb.32).

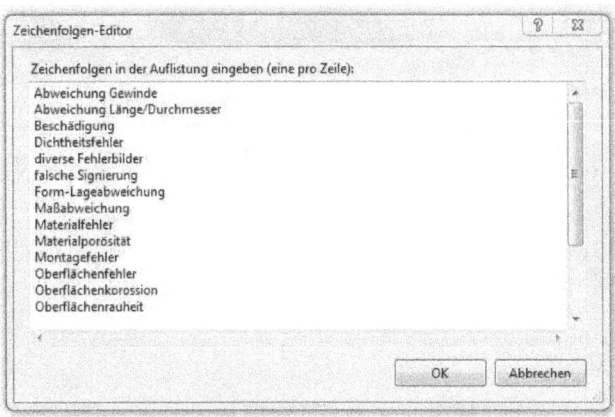

Abbildung 32: Inhalt der Auflistung Fehlerart

Eine Besonderheit stellt das Feld des Datums dar. Es synchronisiert sich bei jedem Öffnen der Software mit der Systemuhr (Abb.33) und ist somit immer auf den aktuellen Tag voreingestellt.

```
private void Form1_Load(object sender, EventArgs e)
{
    cmd.Connection = cn;
    dtpErfassung.CustomFormat = "dd.MM.yyyy";
    dtpErfassung.Format = DateTimePickerFormat.Custom;
}
```

Abbildung 33: Datumseinstellung beim Laden der Form

Beim Laden der Form, also Starten des Programms, wird mit dem Befehl `DateTimePickerFormat.Custom` die Zeit abgeglichen. Sollte das aktuelle Datum nicht das gewünschte sein, lässt sich über das Kalendersymbol auch eine Wahl des Tages vornehmen.

Zum Abschluss der Erfassung kann diese nun mit dem Button „Senden" in die Datenbank geschrieben werden (Abb.34).

```
private void senden()
{
    if (MessageBox.Show("Wollen Sie den Datensatz senden?", "Abfrage", MessageBoxButtons.YesNo) == DialogResult.Yes)
    {
        cn.Open();
        cmd.CommandText = "insert into Erfassung (BeanstNr, ArtikelNr, ArtikelBz," +
            "Stückzahl, BAB, Fehlerart, FestgestelltBei, Verursacher, Entscheidung, Datum, Prüfer)" +
            "values ('" + txtBNr.Text + "', '" + txt_ArtNr.Text + "','" + txt_ArtName.Text + "'," +
            "'" + txtStk.Text + "','" + txtBAB.Text + "','" + cbxAbw.Text + "','" + cbxFeststeller.Text + "'," +
            "'" + cbxVerursacher.Text + "','" + cbxEntscheidung.Text + "','" + dtpErfassung.Text + "','" + cbxPruefer.Text + "')";
        try
        {
            cmd.ExecuteNonQuery();
        }
        catch
        {
            cmd.Cancel();
            MessageBox.Show("Der Datensatz kann nicht gesendet werden. Bitte überprüfen Sie Ihre Eingaben auf Korrektheit!");
            cn.Close();
            return;
        }
        cmd.Clone();
        cn.Close();
        autogenerated();
        txt_ArtNr.Clear();
        txt_ArtName.Clear();
        txtStk.Clear();
        txtBAB.Clear();
        cbxPruefer.SelectedIndex = -1;
        cbxEntscheidung.SelectedIndex = -1;
        cbxVerursacher.SelectedIndex = -1;
        cbxFeststeller.SelectedIndex = -1;
        cbxAbw.SelectedIndex = -1;
    }
}
```

Abbildung 34: Quellcode zum Senden des Datensatzes an die Datenbank

Im Falle, dass ein Feld vergessen oder übersehen wurde ist eine Sicherheit eingebaut, um leere Zellen in der Datenbank zu verhindern. Sollte ein Feld unbeschrieben sein, zeigt das Programm nach dem Betätigen des „Senden"-Buttons solange ein Fenster (Abb.35) mit der Aufforderung alle Felder auszufüllen an, bis alle mit einem Eintrag versehen wurden.

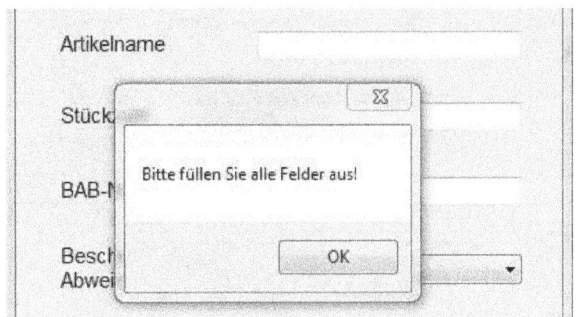

Abbildung 35: Informationsfenster über leere Felder

Sind alle Felder ausgefüllt, wird nach dem Betätigen des „Senden" Buttons, ein Auswahlfenster (Abb.36) angezeigt, ob der Datensatz wirklich gesendet werden soll. (Zeile3, Abb. 34)

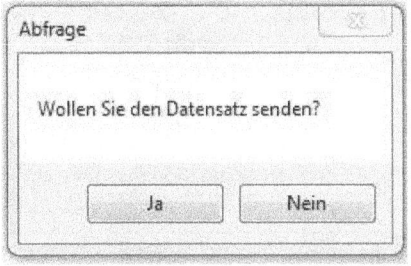

Abbildung 36: Abfrage ob Daten wirklich gesendet werden sollen

Dies dient in erster Linie der Fehlervermeidung. Wird hier die Auswahl „Nein" getätigt, hat der Anwender die Möglichkeit, seine Erfassung noch einmal zu ändern.

Wird „Ja" ausgewählt, öffnet das Programm eine Verbindung zur Datenbank „Erfassung" (Zeile 5-10, Abb. 34) und schreibt die Daten in die jeweilige Spalte. Sollte hierbei ein Fehler auftreten, wird das Fenster mit dem Inhalt „Der Datensatz kann nicht gesendet werden. Bitte überprüfen Sie Ihre Eingaben auf Korrektheit!" (Zeile 17-19, Abb.34) angezeigt. Falls es nicht zu einem Fehler kommt, ist der Vorgang abgeschlossen und mit den letzten Zeilen (ab Zeile 22, Abb.34) werden die Felder des Formulars wieder gelöscht, um eine neue Erfassung starten zu können.

Um sich nun die schon erfassten Daten anzeigen zu lassen, oder diese zu ändern, gibt es die Übersichtstabelle. Diese wird über die Auswahl „Erfasste Vorgänge Anzeigen/Ändern" erreicht.

Abbildung 37: Auswahl „Erfasste Vorgänge Anzeigen/Ändern"

Im Anschluss erscheint die Übersichtstabelle (Abb.38).

Abbildung 38: Übersichtstabelle der erfassten Beanstandungen

Die Daten werden hierbei aus der Datenbank „Erfassung" gelesen (Abb.39) und in dem Tool List-View angezeigt.

```
private void loadlistview()
{
    lstErfasst.Items.Clear();
    cn.Open();
    cmd.CommandText = "SELECT * FROM Erfassung";
    dr = cmd.ExecuteReader();
    while (dr.Read())
    {
        ListViewItem item = new ListViewItem(dr["BeanstNr"].ToString());
        item.SubItems.Add(dr["ArtikelNr"].ToString());
        item.SubItems.Add(dr["ArtikelBz"].ToString());
        item.SubItems.Add(dr["Stückzahl"].ToString());
        item.SubItems.Add(dr["BAB"].ToString());
        item.SubItems.Add(dr["Fehlerart"].ToString());
        item.SubItems.Add(dr["FestgestelltBei"].ToString());
        item.SubItems.Add(dr["Verursacher"].ToString());
        item.SubItems.Add(dr["Entscheidung"].ToString());
        item.SubItems.Add(dr["Datum"].ToString());
        item.SubItems.Add(dr["Prüfer"].ToString());
        lstErfasst.Items.Add(item);
    }
    cn.Close();
}
```

Abbildung 39: Quellcode zum Laden der erfassten Daten

Zum Ändern eines Datensatzes muss lediglich auf das Feld der jeweiligen Bearbeitungsnummer geklickt werden und sämtliche Informationen der Beanstandung werden in den Feldern angezeigt. Nachdem die Bearbeitung abgeschlossen ist, kann über den Button „Datensatz ändern" (Abb. 38), die überarbeitete Version der Beanstandung wieder in die Datenbank geschrieben werden. Dabei wird die alte gelöscht und durch die überarbeitete ersetzt, um Redundanzen zu verhindern.

Wie mit den erfassten Daten, der fehlerhaften Teile, nun weiterverfahren wird, hängt in erster Linie von der Entscheidung ab, die zu Beginn gewählt wurde. Insgesamt gibt es hierbei 6 verschiedene Optionen:

1. Reklamation
2. Teile extra halten
3. sonstige Verwendung prüfen
4. Verschrotten
5. Nacharbeit
6. Sortierung

Bei der „Reklamation" handelt es sich zumeist um einen Fehler bei der Lieferung. Für Fehler, die wie in diesem Fall auf externer Seite stattfinden, ist im Unternehmen keine weitere Verarbeitung geplant. Sie werden so wie sie sind zurück geschickt.

Der Punkt „Teile extra halten" bedeutet, dass die Firma die Teile zunächst so belässt wie sie sind, um sie eventuell zu einem späteren Zeitpunkt zu verwenden. Dies ist immer dann möglich, wenn bei der fehlerhaften Bearbeitung das Teil nicht zerstört wurde, sondern lediglich in seinem jetzigen Zustand für die geplante Verwendung nicht mehr benutzt werden kann, beispielsweise durch falsche Länge. Ähnlich verhält es sich mit der Entscheidung „sonstige Verwendung prüfen", nur dass hier direkt nach einer Weiterverwendung gesucht wird.

„Verschrotten" hingegen bedeutet, dass das Teil nach fehlerhafter Bearbeitung keinem weiteren Zweck mehr zugeführt werden kann und auch zu keinem andern Zeitpunkt mehr zu verwenden ist.

Vor dem Hintergrund, dass das Unternehmen eine Auswertung, der durch Nachbearbeitung verursachten Kosten, vornehmen will, sind diese vier Entscheidungen nicht von Relevanz, da sie keinen unmittelbaren Arbeitsaufwand und damit keine direkten Kosten verursachen.

Von Belang für die Auswertung und damit das Programm, sind jedoch die letzten beiden Entscheidungsoptionen „Sortierung" und „Nacharbeit", da der hieraus entstehende Aufwand mit Hilfe der Software aus wirtschaftlicher Sicht berechnet werden soll. Bei der „Sortierung" geht es zunächst darum, die fehlerhaften Teile nach

Beanstandungen zu unterteilen, um dann im nächsten Schritt erneut zu entscheiden, wie mit ihnen weiterverfahren wird. Die Nacharbeit ist der Schritt in dem ein fehlerhaftes Teil so ausgebessert wird, dass es für den ursprünglichen Verwendungszweck doch noch zu gebrauchen ist.

Die im Anschluss an die erfassten Beanstandungen durchzuführenden Arbeiten, werden mit der Auswahl „Bearbeitung abschließen" im Startfenster dokumentiert. Durch klicken des Buttons öffnet sich die Auflistung der erfassten Beanstandungen, für die Entscheidungen „Nacharbeit" (Abb.40) und „Sortierung" (Abb.41).

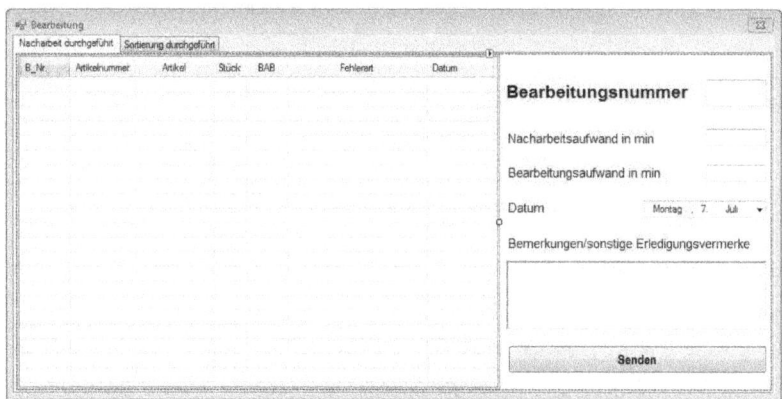

Abbildung 40: Bearbeitungsfenster für die Nacharbeit

Zur Auswahl einer Beanstandung muss wieder nur auf die Bearbeitungsnummer geklickt werden und anschließend bei der Nacharbeit der Arbeitsaufwand eingetragen werden. Im Feld „Bemerkungen" lassen sich noch ergänzend Vermerke zur Nacharbeit erfassen. Mit dem Reiter im Kopf des Fensters, lässt sich zwischen den beiden Entscheidungen wechseln. In der Sortierung (Abb.41), wird ähnlich wie bei der Nacharbeit der Aufwand angegeben, jedoch muss zunächst noch eine Eingabe getätigt werden, die darüber entscheidet wie viele der Teile in ihrer derzeitigen Verfassung in Ordnung sind oder nicht. Die jeweilige Stückzahlen müssen in die Felder „Stückzahl i.O." und „Stückzahl n.i.O." eingetragen werden. Im Anschluss ist dann eine erneute Entscheidung über die weitere Verfahrensweise mit den fehlerfreien Teilen notwendig.

Dabei stehen zur Auswahl:

- Nacharbeit
- Reklamation
- Verschrotten

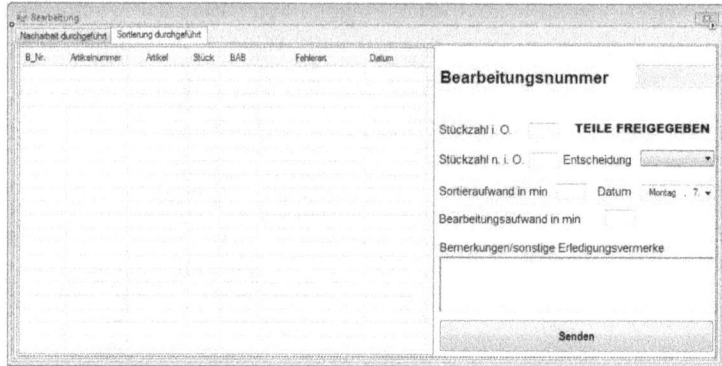

Abbildung 41: Bearbeitungsfenster für die Sortierung

Durch den Befehl „Senden" werden die beiden Datensätze in die Datenbanken geschrieben.

Fehlerhafte Eingaben können aber auch hier noch einmal geändert werden. Mit der vierten Auswahloption im Startfenster „Bearbeitete Vorgänge Anzeigen/Ändern", ist eine Anzeige- und Änderungsmöglichkeit (Abb.42 & 43) der Datensätze gegeben.

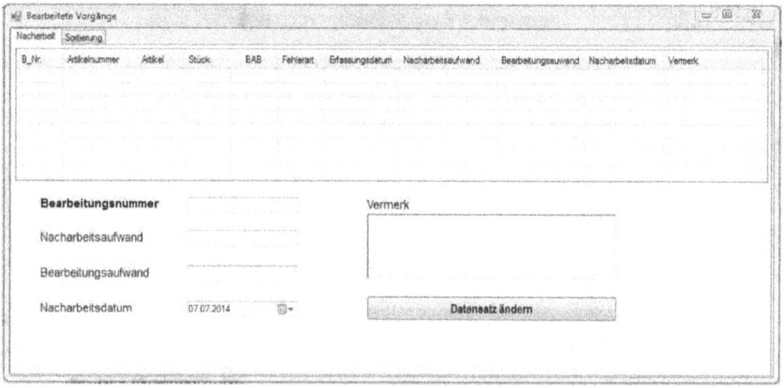

Abbildung 42: Übersichtsfenster für abgeschlossene Nacharbeiten

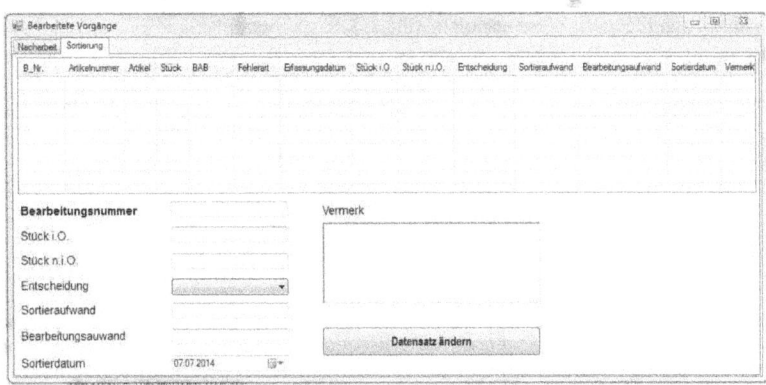

Abbildung 43: Übersichtsfenster für abgeschlossene Sortierungen

5.1.2 Data-Warehouse

Die Datenbanken, die für die Software notwendig sind, wurden zunächst mit Mircosoft Access erstellt. Jedoch kam es bei der Anbindung an das operative System und den späteren ETL-Prozess zu Problemen. Entweder konnte die Datenbank nicht richtig beschrieben oder ausgelesen werden. Die Wahl viel daher auf das Programm Mircrosoft SQL Server.

Zunächst musste eine Datenbank erstellt werden, die die erfassten Beanstandungen aufnimmt. Hierfür startet man SQL Server und legt im Objektexplorer mit einem Rechtsklick auf Datenbanken eine neue an.

Abbildung 44: Datenbank der Erfassung

Als Name wurde hier „QS-Database" (Abb. 44) verwendet. Innerhalb dieser Datenbank wurden drei Tabellen angelegt. Eine zur Aufnahme aller Daten und je eine für die Entscheidungen Nacharbeit und Sortierung (Abb.45). Durch diese getrennte Erfassung, wurde ein späteres Auslesen der Daten vereinfacht und übersichtlicher gestaltet.

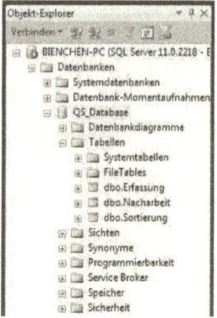

Abbildung 45: QS_Database und die drei Tabellen für die Erfassung

Um eine Auswertung der Daten vornehmen zu können, war es außerdem erforderlich, ein Data-Warehouse (Abb.46) zu erstellen. Dieses beinhaltet zwei Faktentabellen:

- Fakt_Erfassung
- Fakt_Sortierung

und sechs Dimensionstabellen:

- DIM_Artikel
- DIM_Entscheidung
- DIM_Fehlerart
- DIM_Feststellung
- DIM_Verursacher
- DIM_Zeit

Abbildung 46: QS-Warehouse mit den Fakten- und Dimensionstabellen

Zum Aufbau des Warehouse wurde das Datenmodell des Galaxy-Schemas (Abb.47) verwendet, da sie Dimensionstabellen für beide Faktentabellen benötigt werden.

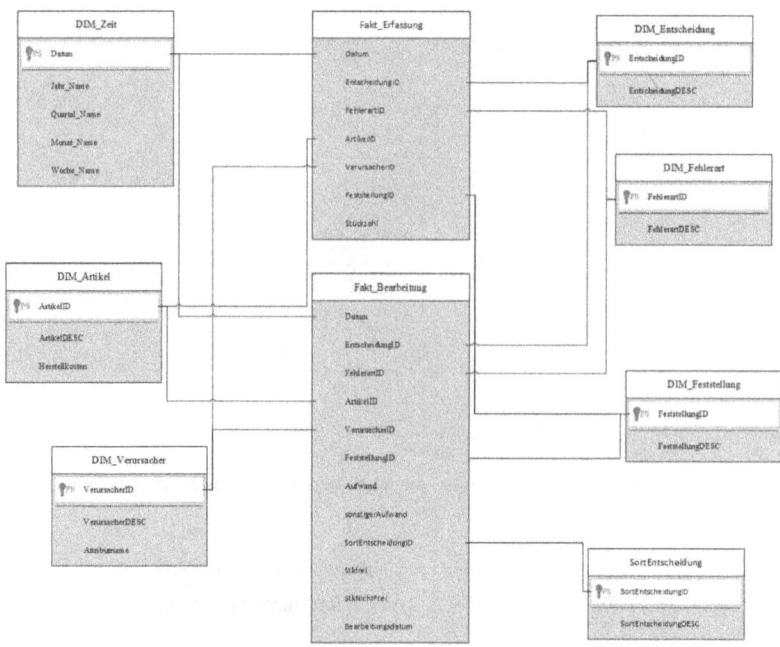

Abbildung 47: Datenmodell des Galaxy-Schema für das QS_Warehouse

Die Anbindung der Datenbanken an das operative System muss über Visual Studio getätigt werden. Hierfür ist in der unteren linken Ecke ein kleines Symbol (Abb.48), mit dessen Hilfe man eine Datenbank hinzufügen kann.

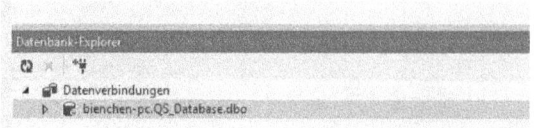

Abbildung 48: Mit Datenbank verbinden

Drückt man dieses, erscheint ein Fenster (Abb. 49) in dem der Servername eingegeben und die gewünschte Datenbank ausgewählt werden muss.

Abbildung 49: Verbindung hinzufügen

War die Testverbindung erfolgreich, kann die Verbindung mit „OK" fertiggestellt werden.

5.1.3 ETL-Prozess

Für die Weiterverarbeitung und spätere Auswertung der erfassten Beanstandungen, müssen diese nun in eine standardisierte Form gebracht werden. Um dieses Ziel zu erreichen, benötigt man einen ETL-Prozess. Die Umsetzung des Prozesses wurde mit der Open Source Software Pentaho durchgeführt.

Die Software umfasst zwei voneinander getrennte Arbeitsschritte. Zunächst die Erfassung und anschließend die Bearbeitung. Aus diesem Grund benötigt man auch zwei ETL-Prozesse.

ETL – Erfassung

Beim Öffnen von Pentaho muss zunächst eine neue Transformation gewählt werden. Im Anschluss erhält man eine leere Seite. (Abb.50)

Abbildung 50: Arbeitsfläche zum Erstellen einer neuen Transformation

Am linken Rand des Programms befinden sich die einzelnen Transformationsoperationen (Abb.51). Welche mit der Maus auf die Arbeitsfläche gezogen werden müssen. Diese werden Steps genannt.

Abbildung 51: Übersicht der möglichen Operationen in Pentaho

Der Step „Input" wird zunächst benötigt um eine Quelle (Abb.52) hinzuzufügen, aus der die zu bearbeitenden Daten extrahiert werden können. Zum Bearbeiten der einzelnen Steps muss diese nur doppelt angeklickt werden.

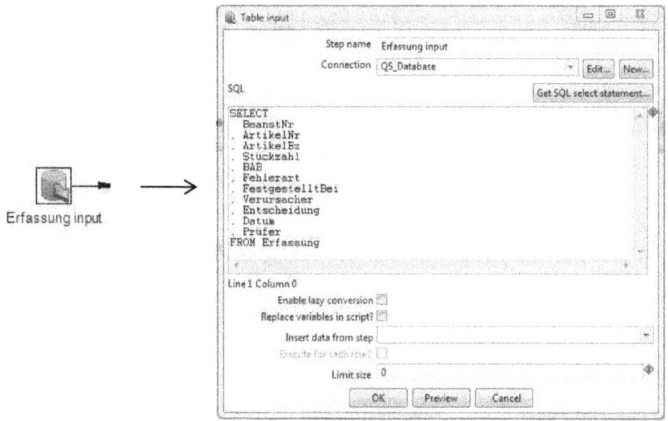

Abbildung 52: Festlegung der Datenquelle

Im ersten Schritt wird nun zunächst die QS_Database als Quelle angegeben. Aus ihr werden die unter Select aufgeführten Spalten aus der Datenbank Erfassung extrahiert. (Abb.52)

Im Anschluss werden die benötigten Daten aus dieser Quelle mit dem Step „Select Value" ausgewählt. (Abb.53)

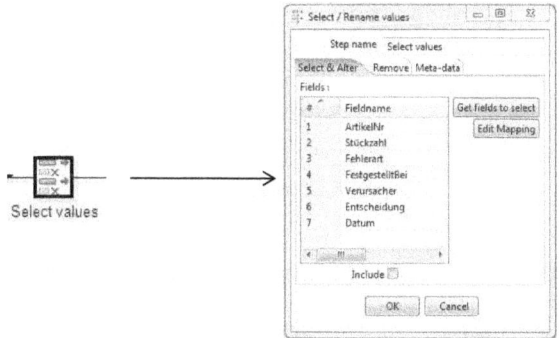

Abbildung 53: Auswahl der zu transformierenden Werte

Hier wurden die Werte mit dem Button „Get fields to select" geladen und dann alle ausgewählt, da jeder von Relevanz für die Weiterverarbeitung der Erfassungen ist. Außerdem besteht hier die Möglichkeit zum Zweck der Datenhomogenität, Felder umzubenennen.

Nun folgt eine Reihe von sogenannten „lookup" Steps (Abb.54).

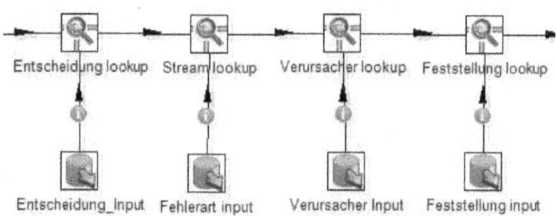

Abbildung 54: „Lookup" Steps der Erfassung

Die Vorgehensweise ist hierbei bei allen vier identisch. Exemplarisch wird hier der Schritt „Entscheidung lookup" veranschaulicht.

Der Standardisierungsschritt dieser Transformation, der eine spätere Analyse der Daten möglich macht, ist den Werten aus der QS_Database eine ID zu zuordenen. In diesem Fall handelt es sich bei der ID um eine Zahl. Um zu wissen welche Zahl benötigt wird, muss nun mittels des Steps „Input" eine Anbindung an das QS_Warehouse erfolgen. Hier sind in den Dimensionstabellen (Abb.55) die jeweiligen IDs hinterlegt.

	Ergebnisse	Meldungen	
		EntscheidungID	EntscheidungDESC
1		1	Nacharbeit
2		2	Reklamation
3		3	Verschrotten
4		4	sonstige Verwendung prüfen
5		5	Teile extra halten
6		6	Sortierung

Abbildung 55: Dimensionstabelle Entscheidung

Mit dem Step „lookup" ist es nun möglich die Abfrage über ID zu automatisieren.

Abbildung 56: „Lookup" Step für die EntscheidungsID

Dem Programm wird hier gesagt, dass er die Information über die Entscheidung anhand des Feldes „EntscheidungDESC" im QS_Warehouse findet und ihr die EntscheidungID zuweist (Abb.56). Nachdem alle IDs vergeben worden sind, werden nun noch einmal alle Werte ausgewählt und auf Homogenität untersucht. Sollte diese nicht vorliegen, können hier noch Anpassungen vorgenommen werden (Abb.57).

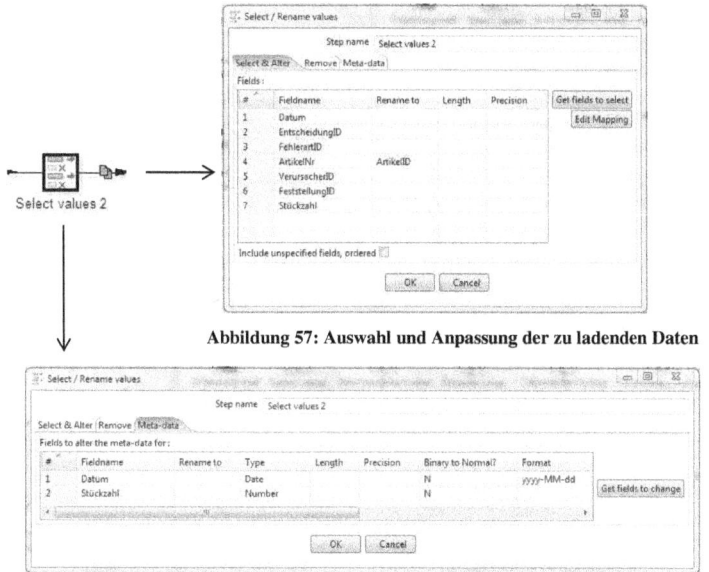

Abbildung 57: Auswahl und Anpassung der zu ladenden Daten

Abbildung 58: Wahl und Anpassung des Datentyps

59

Hier mussten noch die Datentypen der Felder Datum und Stückzahl angepasst werden, um vom Programm fehlerfrei verarbeitet werden zu können.

Abschließend müssen alle Daten ins die Faktentabelle Erfassung des QS_Warehouse geschrieben werden, von wo aus sie jetzt in standardisierter Form zur weiteren Analyse bereitstehen. Dies geschieht mit dem Step „Insert Update". (Abb.59) Hierbei werden, um Redundanzen zu vermeiden, schon existente Daten zur gleichen Beanstandung überschrieben.

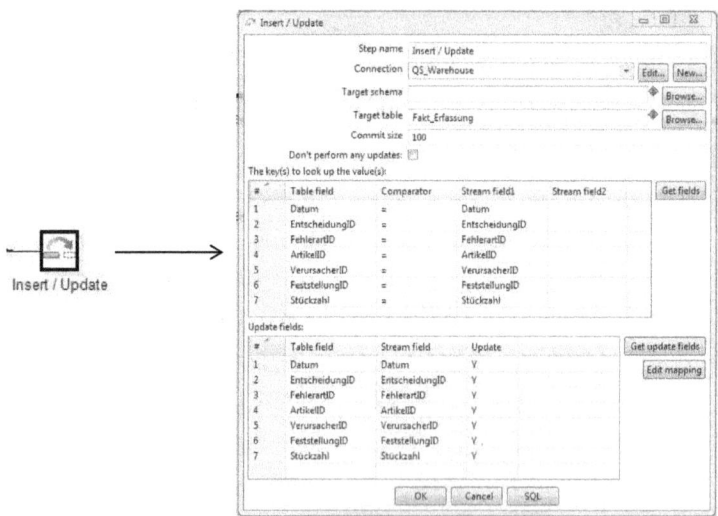

Abbildung 59: „Insert/Update" Step

Der ETL-Prozess für die Erfassung ist damit komplett und hier in Abbildung 60 noch einmal in Gänze dargestellt.

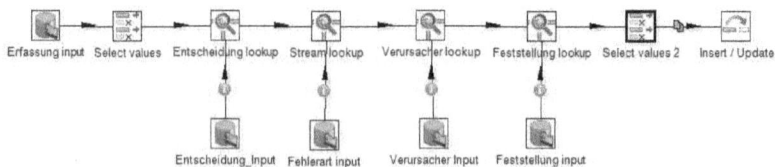

Abbildung 60: Darstellung des gesamten ETL-Prozess für die Erfassung

ETL – Bearbeitung

In der Bearbeitung geht es jetzt darum, die zu beanstandenden Teile mit den Entscheidungen Nacharbeit und Sortierung noch einmal nachzubessern, beziehungsweise zu kontrollieren. Dieser Schritt muss, da er einen direkten Arbeitsaufwand nach sich zieht, ebenfalls dokumentiert werden. Um diesen Schritt später aus ökonomischer Sicht bewerten zu können, muss auch hier eine Standardisierung der Daten mit Hilfe eines ETL-Prozesses stattfinden. Der Prozess der Bearbeitung (Abb.61) läuft in weiten Teilen analog zu dem der Erfassung ab. Jedoch macht die Tatsache, dass es bei der Bearbeitung mit der Nacharbeit und der Sortierung zwei verschiedene Tabellen und somit zwei Quellen gibt, einige Ergänzungen nötig.

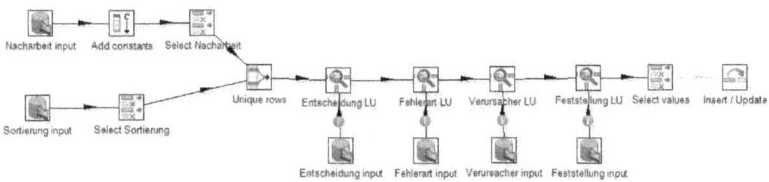

Abbildung 61: Übersicht über den gesamten ETL-Prozess der Bearbeitung

Der Input zu Beginn der Transformation, hat wie bei der Erfassung, eine Anbindung an die QS_Database. Jedoch nun nur auf diejenigen Daten, bei denen die Entscheidung Nacharbeit (Abb.62) oder Sortierung (Abb.63) gewählt wurde.

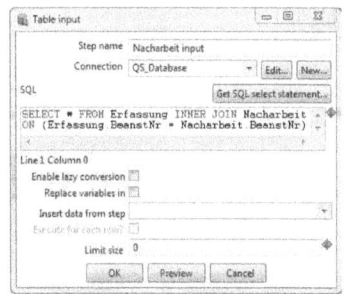

Abbildung 62: Step „Nacharbeit Input"

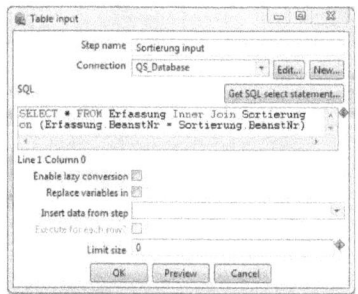

Abbildung 63: Step „Sortierung Input"

Jedoch kommt es hierbei zu einem Problem. Die Tabelle der Nachbearbeitung umfasst nicht alle Werte der Tabelle Sortierung. Die Felder „SortEntscheidungID", „StkFrei" und „StkNichtFrei" fehlen. Da die Daten jedoch im nächsten Schritt zusammen geführt werden, müssen für einen erfolgreichen ETL-Prozess, in allen Input Tabellen die gleichen Werte vorhanden sein. Dies wird hier durch den Step „Add constant" (Abb.64) erreicht, welcher die fehlenden Felder einführt und ihnen dann in der Faktentabelle den Wert „Null" zuweist.

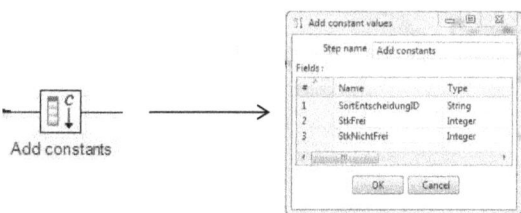

Abbildung 64: Anfügen der fehlenden Werte

Nun erfolgt ähnlich wie bei der Erfassung, ein „Select"-Step um die zu verarbeitenden Daten zu wählen. Im Anschluss werden diese mittels der Operation „Unique rows" (Abb.65) aus den beiden Tabellen zusammengeführt, um eine parallele Verarbeitung zu erzielen.

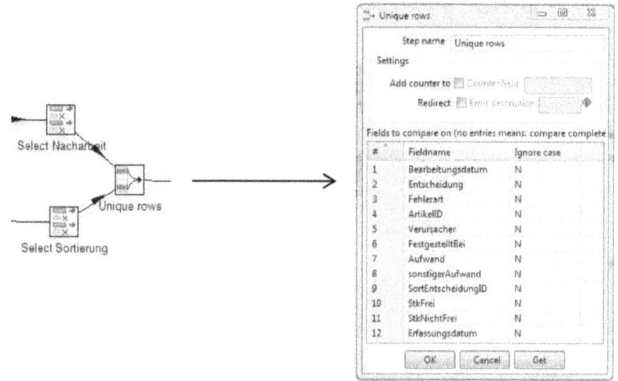

Abbildung 65: Zusammenführen der Datensätze

Der Rest des ETL-Prozesses, für die Bearbeitung, besitzt die gleiche Funktionsweise wie der der Erfassung.

5.2 Anwendung des Prototyps

Die einzige Möglichkeit die Funktionalität der Software unter realen Bedingungen zu testen, wäre es, diese in einem Unternehmen im normalen Tagesablauf mit den tatsächlichen Produktionsdaten zu füllen. Im Anschluss müsste man dann, mit Hilfe von Interviews, die mit den Anwendern geführt würden, Meinungen zu Verbesserungen und Modifikationen einholen. Leider war dies nach der Fertigstellung des Programms nicht mehr möglich. Um dennoch eine grundlegende Funktionsprüfung durchführen zu können, werden im Folgenden die historischen Originaldaten aus dem Unternehmen verwendet, um zu testen, ob die Software von der Erfassung bis hin zur Bearbeitung fehlerfrei funktioniert. Um möglichst viele Entscheidungsoptionen abzudecken, werden die ersten elf Datensätze und zusätzlich eine Sortierung, aus der Mitte der historischen Tabelle, verwendet.

Zunächst wird das Programm gestartet (Abb. 66) und „Vorgang erfassen" gewählt.

Abbildung 66: Startfenster der Beanstandungssoftware

Anschließend werden die zwölf Datensätze in das Beanstandungsformular (Abb. 67) eingegeben.

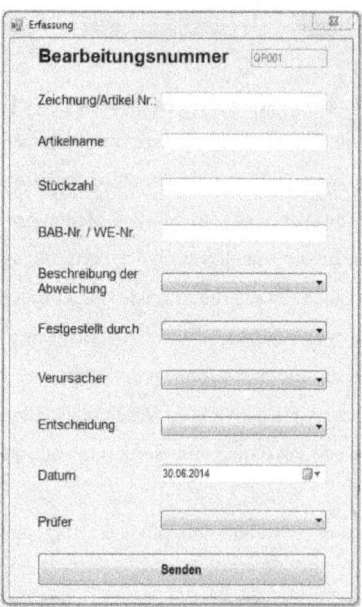

Abbildung 67: Formular zur Beanstandungserfassung

Die in den Combo-Boxen aufgelisteten Auswahloptionen werden hier noch einmal vorgestellt (Abb.68-72):

Abbildung 68: Auswahl Abweichung **Abbildung 69: Auswahl Feststellung**

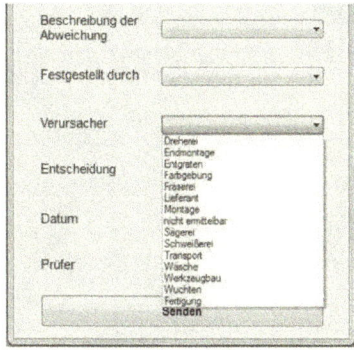

Abbildung 70: Auswahl Verursacher   **Abbildung 71: Auswahl Entscheidung**

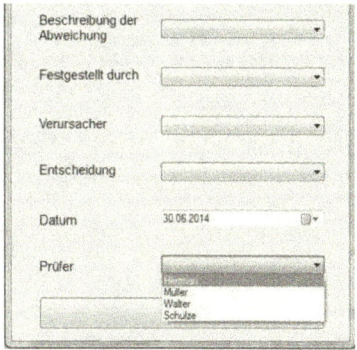

Abbildung 72: Auswahl Prüfer

Sollte hierbei ein Feld vergessen worden sein, zeigt das Programm, wie gewünscht, das Fenster (Abb. 73) mit der Aufforderung alle Felder auszufüllen.

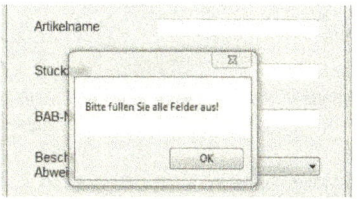

Abbildung 73: Informationsfenster über leere Felder

Sind alle Felder gefüllt, kann der Befehl zum Füllen der Datenbank mit dem Button „Senden" ausgeführt werden. Das nun erscheinende Fenster, dient der Kontrolle, ob die

Daten alle korrekt eingegeben worden sind (Abb.74). Sollte dies der Fall sein, kann mit „Ja", der Vorgang der Erfassung für die jeweilige Beanstandung abgeschlossen werden.

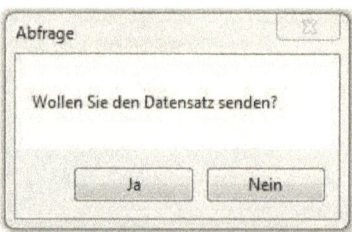

Abbildung 74: Abfrage ob Daten wirklich gesendet werden sollen

Um festzustellen, ob alle Erfassungen auch in die Datenbank geschrieben wurden, bietet es sich an, sich diese anzeigen zulassen. Im Startfenster wird also „Erfasste Vorgänge Anzeigen/Ändern" gewählt. Die nun erscheinende Übersichtstabelle (Abb. 75) ist gefüllt mit den getätigten Erfassungen, was den Beweis erbringt, dass der „Senden"-Befehl erfolgreich durchgeführt wurde.

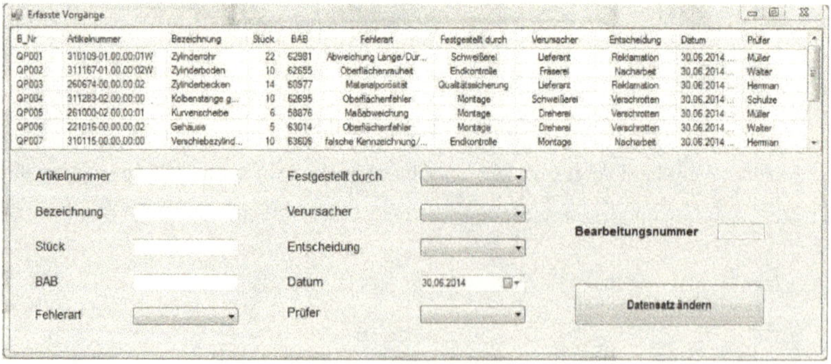

Abbildung 75: Alle bisher erfassten Vorgänge

Um die Auswahl- und Änderungsfunktion des Programmes zu demonstrieren, wurde hier, wie auf Abbildung 76 ersichtlich, die Erfassung „QP008" angeklickt. Zunächst erscheinen alle zu ihr gehörigen Informationen in den für sie vorgesehenen Feldern. Hier können jetzt die eventuellen Änderungen vorgenommen werden. Exemplarisch wurde hier die Entscheidung von „Verschrotten" auf „Sortierung" geändert.

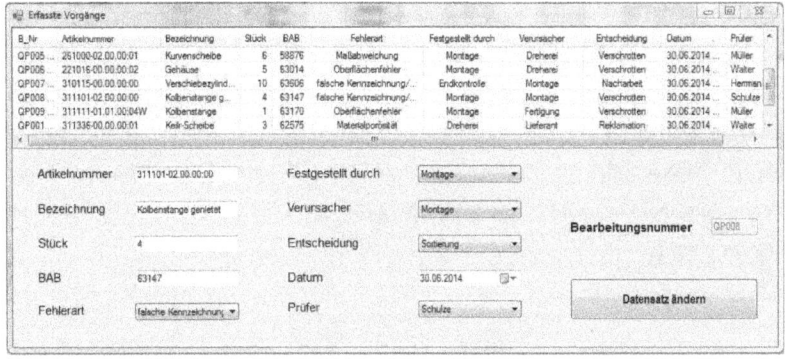

Abbildung 76: Anzeigen und Ändern einer Erfassung

An dieser Stelle lässt sich die Methode der Software und die des Unternehmens gut vergleichen. Aus diesem Grund ist an dieser Stelle noch einmal die Originaltabelle (Abb. 77) des Unternehmens aufgeführt.

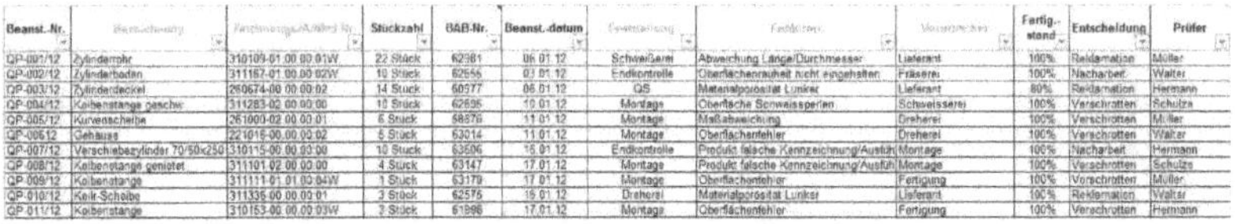

Abbildung 77: Die ersten elf Daten aus der Originaltabelle

Die Vorteile in Sachen Übersichtlichkeit, Transparenz und Durchgängigkeit sind dabei deutlich zu erkennen, denn zu jedem Zeitpunkt ist es möglich, sich auf schnelle Art und Weise eine gewünschte Beanstandung anzeigen zu lassen und sie zu ändern, ohne dabei beispielsweise Gefahr zu laufen, in der Zeile zu verrutschen. Weiterhin ist die Informationsdarstellung wesentlich anwenderfreundlicher. Alle nötigen Details sind auf einen Blick ersichtlich.

Mit der Software wurde die durchgängige Verarbeitung der Daten also um ein Vielfaches vereinfacht. Denn mit dem Erfassungsformular gibt es ein übersichtliches und einfach zu bedienendes Werkzeug zur Aufnahme der Daten. Außerdem wurde mit der Übersichtstabelle eine „aufgeräumte" Form der Visualisierung und somit eine erheblich Erleichterung beim Ändern oder Anpassen der Datensätze geschaffen.

Abhängig von der Entscheidung, welche bei der Erfassung getroffen wurde, schließt sich nun der Schritt der Bearbeitung an. Im Startmenü muss hierfür der Button „Bearbeitung abschließen" gewählt werden. Die erscheinenden Tabellen beinhalten ausschließlich diejenigen Beanstandungen, bei denen sich als nächster Schritt entweder die Nacharbeit oder die Sortierung anschließen. Exemplarisch wurde hier die Bearbeitungsnummer QP002 gewählt (Abb.78) um den Schritt der Nacharbeit zu dokumentieren.

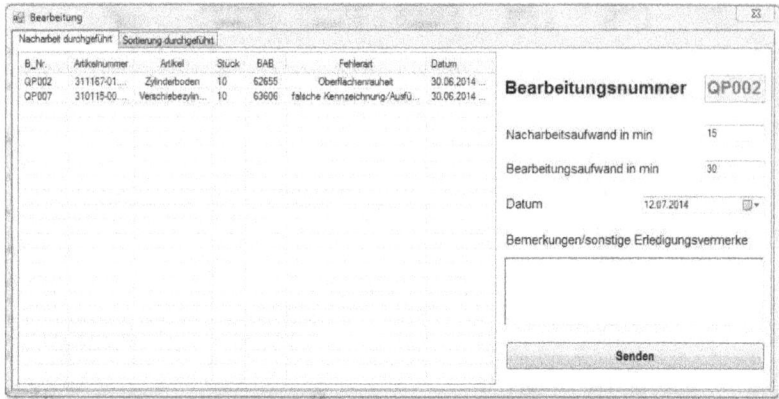

Abbildung 78: Bearbeitung der Nacharbeit

Auch hier muss die gewünschte Bearbeitungsnummer lediglich mit der Maus ausgewählt werden. Anschließend kann rechts der Aufwand der gesamten Bearbeitung erfasst werden. Die Verfahrensweise bei der Sortierung geschieht dabei auf analoge Art und Weise (Abb.79).

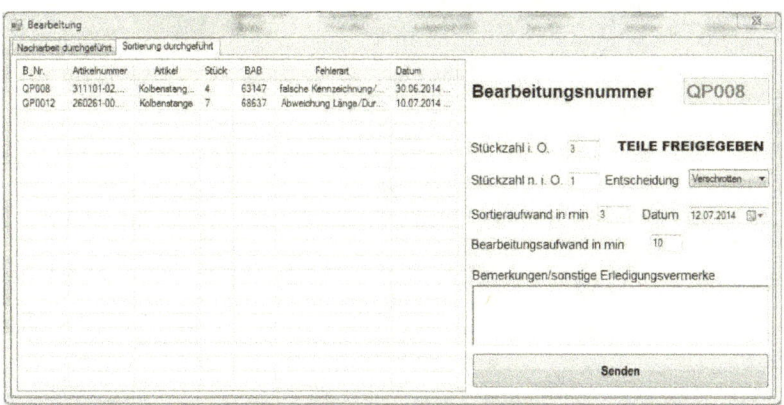

Abbildung 79: Bearbeitung der Sortierung

Ergänzend müssen hierbei jedoch noch, die Stückzahlen für die als in Ordnung und nicht in Ordnung eingestuften Teile, erfasst werden. Zusätzlich wird eine Entscheidung verlangt, wie mit den immer noch zu beanstandenden Teilen weiterverfahren werden soll.

Sind alle Bearbeitungen abgeschlossen, können die Nacharbeiten (Abb. 80) und Sortierungen (Abb. 81) über die Funktion „Bearbeitete Vorgänge Anzeigen/Ändern", dargestellt werden.

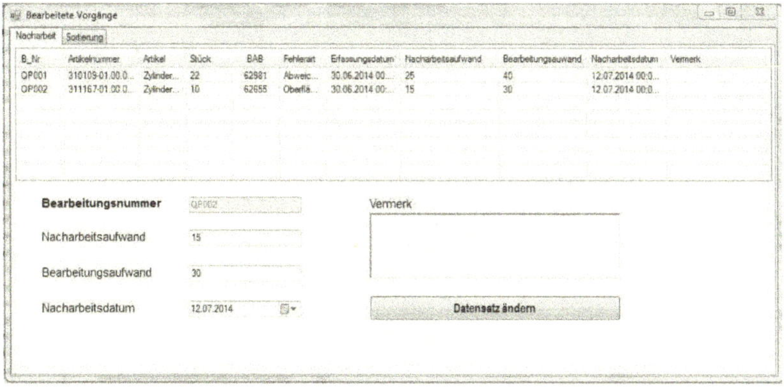

Abbildung 80: Übersicht der durchgeführten Nacharbeiten

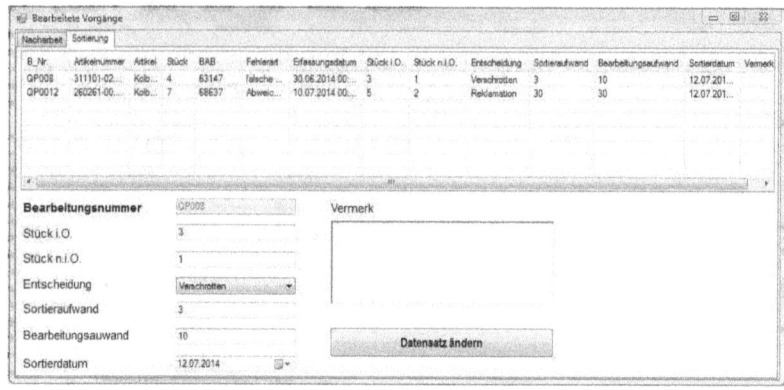

Abbildung 81: Übersicht der durchgeführten Sortierungen

Der abschließende Schritt besteht darin, die erfassten Daten mit dem ETL-Prozess zu standardisieren. Nachdem das für die Erfassung (Abb. 82) und die Bearbeitung (Abb. 83) geschehen ist, können die Daten in der vorliegenden Form, im Anschluss mit Hilfe eines Business Intelligence-Tools analysiert und ihre ökonomische Relevanz bewertet werden.

	Datum	EntscheidungID	FehlerartID	ArtikelID	VerursacherID	FeststellungID	Stückzahl
1	2014-06-30	1	1	8	6	12	22
2	2014-06-30	1	14	12	5	2	10
3	2014-06-30	2	10	1	6	1	3
4	2014-06-30	2	10	7	6	10	14
5	2014-06-30	2	15	2	7	2	10
6	2014-06-30	3	12	11	15	7	1
7	2014-06-30	3	12	11	15	7	3
8	2014-06-30	3	12	6	10	7	10
9	2014-06-30	3	12	9	1	7	6
10	2014-06-30	3	8	5	1	7	6
11	2014-06-30	6	15	12	7	7	4
12	2014-07-10	6	2	11	6	2	7

Abbildung 82: Faktentabelle Erfassung nach dem ETL-Prozess

	Datum	EntscheidungID	FehlerartID	ArtikelID	VerursacherID	FeststellungID	Aufwand	sonstiger Aufwand	SortEntscheidungID	StkFrei	StkNichtFrei	Bearbeitungsdatum
1	2014-06-30	1	2	8	6	12	25	15	NULL	NULL	NULL	2014-07-12
2	2014-06-30	1	14	12	5	2	15	15	NULL	NULL	NULL	2014-07-12
3	2014-06-30	6	15	12	7	7	3	7	3	3	1	2014-07-12
4	2014-07-10	6	2	11	6	2	30	0	2	5	2	2014-07-12

Abbildung 83: Faktentabelle Bearbeitung nach dem ETL-Prozess

6. Fazit

Das Ziel bei der Erstellung dieser Software war es, dem Unternehmen die Möglichkeit zu bieten das Qualitätsmanagement effizienter und frei von Redundanzen sowie Inkonsistenzen umzusetzen. Vorrausetzung für das Erreichen dieses Ziels ist im ersten Schritt eine übersichtliche und leicht zu bedienende Form der Erfassung aller Beanstandungen. Dies wurde mit dem standardisierten Erfassungsformular erreicht. Alle Daten, die für eine spätere Analyse von Relevanz sind, werden mittels Auflistung in den Combo-Boxen dargestellt. Der Vorteil hierbei ist, dass die Gefahr möglicher Schreibfehler eliminiert wird. Dies ist vor allem bei der automatisierten Homogenisierung der Daten im ETL-Prozess von größter Bedeutung.

Ein weiterer wichtiger Aspekt, bei der Datenverarbeitung, ist es die Durchgängigkeit der Datensätze zu gewährleisten. Dies führte im Unternehmen stets zu Problemen, da die Verwaltung der Excel-Listen von unterschiedlichen Bedienern getätigt wurde. Besonders in den der Erfassung folgenden Bearbeitungsschritten Nacharbeit und Sortierung, war eine korrekte Auswertung, durch Daten mit lückenhaften Informationen, nicht möglich. Behoben wurde dieses Problem durch den Einsatz von Datenbanken. Eine Erfassung, Übersicht oder Änderung dieser Informationen und somit der Zugriff auf die operativen und historischen Daten ist nun ausschließlich über die standardisierte Maske der Software möglich. Desweitern sorgt das Warnfenster über leere Felder dafür, dass die Datensätze stets in lückenloser Form vorliegen.

Zusätzlich ist mit dem ETL-Prozess, im letzten Schritt, die Möglichkeit zu einer wirtschaftlichen Analyse des Nachbearbeitungsaufwandes gegeben.

Die grundsätzliche Funktionalität der Architektur konnte dabei im Rahmen dieser Arbeit demonstriert werden. Jedoch müsste, um eine vollständige Einsetzbarkeit der Software zu testen, ausblickend eine Verwendung unter realen Bedingungen in einem betrieblichen Arbeitsumfeld angeschlossen werden. Hierbei würde sich dann endgültig klären lassen, in wieweit der Umfang und die Funktionen des Programms mit den tatsächlichen Anforderungen des Anwenders übereinstimmen. Außerdem würde sich auf diesem Wege zeigen, ob diese Lösung bei längerer Nutzung, eine erkennbare Verbesserung mit sich bringt und die wirtschaftliche Situation, anhand der ausgewerteten Daten positiv beeinflusst werden konnte.

7. Literaturverzeichnis

[Baye2014]   -   Helmut Bayer (2014)

              -     Lust auf Lean – Wert und Wertschöpfung im Mittelpunkt

                  des Handelns (Toyota Produktionssystem

                  TQU)

              -     unter: http://www.awf-arbeitsgemeinschaft.de/component/

                  option,com_doqment/Itemid,54/

              -     letzter Abruf: 14.07.2014

[Boeh1988]   -   Barry Boehm (1988)

              -     Paper: A Spiral Model of Software Development and

                  Enhancement

[EbKu2011]   -   Jens Eberhardt, Matthias Kuhles (2011)

              -     Lean Management Einführung

              -     unter: http://www.lean-managementmethode.de/

                  LEAN_Management_Einfuehrung.htm

              -     letzter Abruf: 01.07.2014

[GaGlu97]   -   Gabriel Roland, Gluchowski Peter (1997)

             -     Semantische Modellierungstechniken für

                  multidimensionale Datenstrukturen

             -     unter: http://dblp.uni-trier.de/db/journals/hmd/

                  hmd195.html#GabrielG97

             -     letzter Abruf: 25.06.2014

[Hege2005]   -   Cornelia Hegele-Raih

              -     Fachartikel zu Six Sigma (2005)

              -     unter: http://www.harvardbusinessmanager.de/

                  heft/artikel/a-621634.html

              -     letzter Abruf: 26.06.2014

[Imai1992]   -   Masaaki Imai
              -    Kaizen – Der Schlüssel zum Erfolg der Japaner im
                   Wettbewerb
              -    2.Auflage
              -    Verlag: Langen-Müller
              -    1992

[Inqu2005]   -   Wolfgang Vogt (2014)
              -    Der PDCA Cycle
              -    unter: http://www.inquam.de/deming.htm
              -    letzter Abruf: 10.07.2014

[Knop1994]   -   Heinz Knopf (1994)
              -    Qualitäts-Managementsysteme auf dem Prüfstand Die
                   ISO-9000-Zertifizierung ist ein bürokratischer Kraftakt
              -    unter: http://www.computerwoche.de/a/qualitaets-
                   managementsysteme-auf-dem-pruefstand-die-iso-
                   9000-zertifizierung-ist-ein-buerokratischer-
                   kraftakt,1124512
              -    letzter Abruf: 02.07.2014

[Krau2011]   -   Jörn Krause (2011)
              -    ISO 9001 Qualitätsmanagement
              -    unter: http://www.din-zertifizierung.de/iso-9001
              -    letzter Abruf: 20.06.2014

[Kuhr2012]   -   Marco Kuhrmann (2012)
              -    Prototyping
              -    unter: http://www.enzyklopaedie-der-
                   wirtschaftsinformatik.de/wi-enzyklopaedie/siebte-
                   auflage
              -    letzter Abruf: 14.07.2014

[LaLS2010]   -   Kenneth C. Laudon, Jane P. Laudon

               -     Wirtschaftsinformatik – Eine Einführung

               -     2. Auflage

               -     Verlag: Pearson

               -     2010

[Lipi2014]   -   Klaus Lipinski (2014)

               -     Extraction-Transformation-Lade-Prozess

               -     unter: http://www.itwissen.info/definition/lexikon/ETL-extract-transfer-load.html

               -     letzter Abruf: 07.07.2014

[Luhn1958]   -   Hans Peter Luhn

               -     IBM Journal: A Business Intelligence System

               -     1958

[MiHe2008]   -   Martin Mikusz, Georg Herzwurm (2008)

               -     Industrialisierung des Software Management

               -     unter: http://www.informatik.uni-trier.de/~LEY/db/conf/wimaw/index.html

               -     letzter Abruf: 30.06.2014

[Piec2014]   -   Hanne Piechulek (2014)

               -     Leitfaden für kleine Unternehmen zur Einführung eines Qualitätsmanagementsystems

               -     unter: www.qm-piechulek.de/leitfaden.pdf

               -     letzter Abruf: 10.07.2014

[Qual2012] - Sascha Qualitz (2012)
- Vergleich von Open-Source und kommerziellen
Programmen zur Durchführung eines ETL-Prozesses
- unter: http://www.ki.informatik.hu-berlin.de/wbi/teaching/
studienDiplomArbeiten/finished/2013/
qualitz_expose_130420.pdf/view
- letzter Abruf: 10.07.2014

[Scha2010] - Ina Schaefer (2010)
- Einleitung-Begriffe und Vorgehensmodelle

[Schl1998] - Ulrike Schlenker (1998)
- Diplomarbeit: „Datenmodellierung für das Data
Warehouse: Vergleich und Bewertung
konzeptioneller und logischer Methoden"

[Seib2012] - Siegfried Seibert (2012)
- Six Sigma Grundlagen
- unter: http://managementmethoden.info/
SixSigmaInfo/SixSigma
- letzter Abruf: 14.07.2014

[Wave2012] - Randy Ashbaugh (2012)
- Six Sigma DMAIC Prozess (Abbildung)
- unter: http://www.wavedynamics.net/Six-Sigma-
DMAIC.aspx
- letzter Abruf: 14.07.2014

[Weck2012] - Daniel Weckermann (2012)
- Bachelorarbeit: „Prozessanalyse und Verbesserung mit
Lean Six Sigma"

[WeRi2005]   -   Godecke Wessel, Andreas Riese (2005)

                  -        Fachartikel: Spezifische Anpassung von Six Sigma

                  -        unter: http://www.qe-online.de/artikelarchiv/-

                           /journal_content/56/12275/407947/Spezifische-

                           Anpassung/

                  -        letzter Abruf: 02.07.2014

[WiBe2011]   -   M. Winkel, C. Becker (2011)

                  -        Seminararbeit: „Six Sigma als

                           Qualitätsmanagementmethode"

[Yasa2013]   -   Abdulhadi Yasar (2013)

                  -        Lean Management

                  -        unter: http://www.tqm.com/beratung/lean-management/

                  -        letzter Abruf: 10.07.2014